上海市高职院校会计一流专业建设实训系列教材

会计基础技能实训

总主编／严玉康

主　编／吕　薇　刘舒叶

立信会计 出版社

LIXIN ACCOUNTING PUBLISHING HOUSE

图书在版编目(CIP)数据

会计基础技能实训/吕薇,刘舒叶主编.—上海:立
信会计出版社,2017.6(2020.8重印)
ISBN 978 - 7 - 5429 - 5533 - 3

Ⅰ.①会… Ⅱ.①吕…②刘… Ⅲ.①会计学—高
等职业教育—教材 Ⅳ.①F230

中国版本图书馆 CIP 数据核字(2017)第 183383 号

策划编辑 赵志梅
责任编辑 赵志梅
封面设计 南房间

会计基础技能实训

Kuaiji Jichu Jineng Shixun

出版发行	立信会计出版社
地 址	上海市中山西路 2230 号 邮政编码 200235
电 话	(021)64411389 传 真 (021)64411325
网 址	www.lixinaph.com 电子邮箱 lixinaph2019@126.com
网上书店	http://lixin.jd.com http://lxkjcbs.tmall.com
经 销	各地新华书店
印 刷	上海天地海设计印刷有限公司
开 本	787 毫米×1092 毫米 1/16
印 张	12.25
字 数	282 千字
版 次	2017 年 6 月第 1 版
印 次	2020 年 8 月第 2 次
印 数	3 101—5 200
书 号	ISBN 978 - 7 - 5429 - 5533 - 3/F
定 价	35.00 元

如有印订差错,请与本社联系调换

上海市高职院校会计一流专业建设
实训系列教材
编审委员会

总 序

为深入贯彻国家以及上海市中长期教育改革和发展规划纲要,加快落实《国务院关于加快发展现代职业教育的决定》,全面推进上海市教育综合改革,深化职业教育内涵发展,加快培养知识型、发展型技能人才,从2015年起,上海市启动了以高等职业教育质量提升计划项目为主的开展高职院校一流专业建设工作。其一流建设切入点和力求达成的目标是:在上海市高等教育内涵建设"085"工程已建设一批高职院校重点专业的基础上,从对接国际标准、服务产业升级、聚焦民生需求等方面,遴选建设20个左右国内领先、具有国际竞争力的高职一流专业,开发与国际先进标准对接的专业教学标准,促进高职院校专业建设科学化、标准化和规范化。

作为上海市特色高职院校及示范性民办高校的建设单位——上海东海职业技术学院(简称上海东海学院),从1993年创办以来,在专业设置与结构布局上,把握不同时期地方经济和社会发展对高素质技能人才多样化的要求,结合自身办学条件与民办高校灵活的办学机制,传承上海东海学院"自尊自强、认真求真"的创业精神,创立与形成了以经管类专业为主体,以机电工程类和艺术设计类专业为两翼的专业定位与发展格局,较好地适应了我国经济新常态下产业升级与创新发展的需要,满足了高职院校学生学习专业技能及成就一生事业的发展需要。

尤其是由上海东海学院长年积淀而创建的"会计"品牌专业,其人才培养目标重点锁定在有角度(瞄准有发展潜质小企业,与普通高校错位发展)、有高度(办学质量超前,可与名牌院校同类专业建设媲美)、有深度(课程内涵充实,注重会算、会管、会写的能力提升),即重点锁定在"既会算收入、算支出、算成本、算经济效益,又会管资金、管资产、管负债、管效率、管效益,还会把算的结果和管的效果以应用文形式表达出来"的财会复合型人才这个点上。上海东海学院在高职院校中脱颖而出,成为上海市教委第一批立项进行一流专业建设的高职院校。

围绕高职院校一流专业建设,通过近两年的积淀与冲刺,由上海东海学院校长项家祥教授、副校长尹雷方教授、经管学院院长严玉康教授等领衔主编的"上海市高职院校一流专业建设'会计'系列教材"面世了。第一期出版教材包括《小企业会计基础》《小企业财务会计》《小企业成本会计》《小企业财务管理》《小企业会计电算化》《小企业纳税实务》。2017年起,正编写会计一流专业建设实训系统教材。本实训系统教材分别包括《会计基础技能实训》

《出纳岗位实训》《会计分岗位实训》《电子报税实训》《会计综合实训》。

　　本套"上海市高职院校会计一流专业建设实训系列教材"的编写,以财务会计基本理论和《小企业会计准则》为指南,以小企业日常会计核算的基本技能训练为重点,根据高职院校学生特点和企业会计工作的实际需要,突出"新颖""简洁"和"实用"的特点。本系列教材各章均安排有"实训目标""知识链接""技能指导""实训范例"和"技能实训"五个部分,并配有必要的图表解析与解答提示,使本系列教材更具实用性和操作性,便于读者进一步理解和掌握各项实训技能。

　　本套"上海市高职院校会计一流专业建设实训系列教材"的编写,不仅是上海东海学院在创建上海市特色高职院校及示范性民办高校中所取得的又一突出成果,还是上海东海学院为上海市"开展高职一流专业建设"所作出的努力和贡献。衷心希望本系列教材的出版,能加速推动上海高等职业教育质量的不断提升。

前　言

根据教委实施"高等职业教育质量工程",开展"高职院校一流专业建设"工作的要求。作为上海市高职院校"会计一流专业"建设单位,我们策划编写了"上海市高职院校一流专业建设'会计'系列教材",以满足高职院校培养服务于有潜质的企业,培养"会算、会管、会写",具有"一人多能、多岗兼顾"的复合型会计专业人才的需要。

课程与教材是专业建设的核心内容之一,按照会计一流专业建设的设计,我们在策划编写一套会计专业理论课程教材的基础上,同步编写一套实训系列教材,旨在实施人才培养过程中,同步推进专业理论教学与实践教学,以满足高职教育技能型人才培养的需要。

《会计基础技能实训》是"上海市高职院校会计一流专业建设实训系列教材"中的一本,在本系列教材和会计专业技能培养中处于基础地位,主要阐述会计的基础技能和训练方法,增强学生的岗位适应能力,为学生后续的专业技能训练打下基础。

本教材共分四个项目,分别为书写技能、点钞技能、珠算操作和录入技能。每个项目中分别附有"实训目标""知识链接""技能指导""实训范例""技能实训"五个部分,学生可在教师的指导下,按照工作步骤和要求逐一操作,经过实训,使学生具备在企业从事会计工作的基础操作技能。本教材可供高职院校会计专业或经济类相关专业作为基础技能训练教材,也可作为企业会计工作者学习和会计培训教材。

为便于教学,我们还开发了与教材配套的小键盘操作软件,方便学生在学完基本操作技能后,进行数字录入的操作训练。

在教材编写过程中,行业专家、院校教师和立信会计出版社与我们多次研讨,并提出了宝贵的建议,使本教材臻于完善,在此表示衷心的感谢!

编者

目　录

项目一
书写技能

　　财会部门在日常业务往来中，经常需要填写票据和结算凭证，以及填制凭证、登记账目、定期编制报表等，这就要求财会人员具备良好的书写能力。书写能力作为一项基本技能，财会人员应高度重视、认真练习，做到书写规范、清晰、端正，切忌写错、潦草，谨防篡改。否则，将直接影响资料的真实性和时间的及时性。

知识目标

1. 了解财会数字书写的意义
2. 了解财会数字书写的内容和要求

技能目标

1. 能够规范书写中文大写数字
2. 能够规范书写阿拉伯数字
3. 会用正确的方法进行错字更正

实训一 文字的书写

【实训目标】

通过实训,熟悉实际工作中有关汉字大写数字的具体规定,能正确书写金额、日期的大写汉字,做到书写规范、清晰、端正,会用正确的方法进行文字更正。

【知识链接】

大写中文数字,一般用于书写财务方面有关的单据、发票、银行票据和一切收款、付款凭证,以及合同等正式凭证,以防篡改。

中文大写数字应用正楷或行书书写,字迹端正,不得潦草,不得使用未经国务院公布的简化字。

大写数量用字为:"壹、贰、叁、肆、伍、陆、柒、捌、玖、零"(见表1-1)。

表1-1 　　　　　　　　　阿拉伯数字与中文大、小写数字对照表

阿拉伯数字	0	1	2	3	4	5	6	7	8	9
中文小写数字	○	一	二	三	四	五	六	七	八	九
中文大写数字	零	壹	贰	叁	肆	伍	陆	柒	捌	玖

大写数位用字为:"拾、佰、仟、万、亿、元、角、分、整(正)"。

数位是指一个数中每一个数字所占的位置,按照个、十、百、千、万、十万、百万、千万、亿……的顺序,由小到大、从右向左排列,但写数和读数的习惯顺序则应该是由大到小、从左到右。数位的排列如表1-2所示。

表1-2 　　　　　　　　　　　　我国的数位排列

数位	万万万位	千万万位	百万万位	十万万位	万万位	千万位	百万位	十万位	万位	千位	百位	十位	个位	十分位	百分位	千分位	万分位	十万分位	百万分位
读法	兆	千亿	百亿	十亿	亿	千万	百万	十万	万	千	百	十	个	分	厘	毫	丝	忽	微
大写	兆	仟亿	佰亿	拾亿	亿	仟万	佰万	拾万	万	仟	佰	拾	个	分	厘	毫	丝	忽	微

【技能指导】

一、中文书写要求

1. 中文数字的书写规则

制凭证、登账、编表应使用黑色或蓝色墨水的笔。中文大写数字的规范写法如下,应用正楷或行书字体书写:

壹贰叁肆伍陆柒捌玖零拾佰仟万亿元角分整

壹贰叁肆伍陆柒捌玖零拾佰仟万亿元角分整

不能写错别字和滥用简化字。大写金额切忌用一(壹)、二(两、式)、三(参)、四(肆)、五、六(陆)、七(染)、八(扒)、九(玫)、十、块、毛、另(○)、园、乙、伯等字样代替。

如果书写金额数字中使用繁体字(如陆、億、萬、圆)的,也可以受理。

2. 格式规范

需要填写大写金额的凭证,均属重要凭证。凡是重要凭证都要用黑色笔书写,字迹清楚、规范,填写支票必须使用碳素笔,需要套写的凭证,必须一次套写清楚。

中文大写数字要求勿写满格,靠左线、贴底线书写,一般占行高的1/2或2/3,预留改错空间。文字大小基本一致,字距、行距都不要过大,保持等宽,要易于辨认,不易涂改。

3. 币值规范

币值单位与金额数字之间不得留有空隙。有固定格式的重要单据,大写金额栏一般印有币值单位,如"人民币""美元""港币"等字样,数字应紧接在币值单位后面书写,不得留有空隙,且间距相等、大小基本一致。

如大写金额栏没有印好"人民币"等字样,应加填"人民币"三个字。金额货币名称必须写全称,如"人民币"不能简写一个"币"字,在写了"人民币"后,不要在"币"字和金额之间另加":"。例如:

人民币伍仟元整(正确写法)

人民币　　伍仟元整(错误写法)

人民币:伍仟元整(错误写法)

4. "整"的用法

中文大小写金额数字到"元"为止的,在"元"之后应写"整"字;到角为止的,在"角"之后可以不写"整"字;大写金额数字有"分"的,"分"后面不写"整"字。例如:

¥600.00 应写为:**人民币陆佰元整**

¥8.30 应写为:**人民币捌元叁角**

或: **人民币捌元叁角整**

¥20.56 应写为:**人民币贰拾元伍角陆分**

5. 数位规范

位数前必须要有数字。特别是"拾"前的"壹"字不可省略。例如：

¥19.20 应写为：人民币壹拾玖元贰角

¥100,000.00 应写为：人民币壹拾万元整

6."零"的用法

(1) 小写金额数字中间只有一个"0"时，大写金额数字要写"零"字；小写金额数字中间连续有几个"0"时，大写金额数字可以只写一个"零"字。例如：

¥5,402.18 应写为：人民币伍仟肆佰零贰元壹角捌分

¥9,004.25 应写为：人民币玖仟零肆元贰角伍分

(2) 小写金额数字元位是"0"，或数字中间连续有几个"0"，且元位也是"0"，但角位不是"0"时，大写金额数字中可以只写一个"零"字。例如：

¥3,720.10 应写为：人民币叁仟柒佰贰拾元零壹角整

或：　　　　　　人民币叁仟柒佰贰拾元壹角整

¥582,000.61 应写为：人民币伍拾捌万贰仟元零陆角壹分

或：　　　　　　人民币伍拾捌万贰仟元陆角壹分

(3) 小写金额数字万位是"0"，或数字中间连续有几个"0"，且万位也是"0"，但千位不是"0"时，大写金额数字中可以只写一个"零"字，也可以不写"零"字。例如：

¥403,798.00 应写为：人民币肆拾万零叁仟柒佰玖拾捌元整

或：　　　　　　人民币肆拾万叁仟柒佰玖拾捌元整

¥60,001,200.00 应写为：人民币陆仟万零壹仟贰佰元整

或：　　　　　　人民币陆仟万壹仟贰佰元整

(4) 小写金额数字角位是"0"，而分位不是"0"时，大写金额数字元后面应写"零"字。例如：

¥652.09 应写为：人民币陆佰伍拾贰元零玖分

¥80,401.08 应写为：人民币捌万零肆佰零壹元零捌分

7. 固定格式的书写规则

在印有大写金额万、仟、佰、拾、元、角、分位置的凭证上书写大写金额数字时，金额前面如有空位，可画"⊗"注销，小写金额数字中间有几个"0"（含分位），大写金额数字就写几个"零"字。例如：

¥3,000.90 应写为：人民币⊗拾⊗万叁仟零佰零拾零元玖角零分

8. 中文日期的书写规则

在填写票据的时候，出票日期必须用大写，为防止变造票据的出票日期，大写日期有如下规定：

(1) 壹月、贰月、壹拾月前面要加"零"；拾壹月、拾贰月前面要加"壹"（见表1-3）。

表1-3　　　　　　　阿拉伯数字月份与中文大写月份对照表

1月	2月	3月	4月	5月	6月
零壹月	零贰月	叁月	肆月	伍月	陆月
7月	8月	9月	10月	11月	12月
柒月	捌月	玖月	零壹拾月	壹拾壹月	壹拾贰月

（2）壹日至玖日、壹拾日、贰拾日、叁拾日前面要加"零"；拾壹日至拾玖日前面要加"壹"（见表1-4）。

表1-4　　　　　　　阿拉伯数字日期与中文大写日期对照表

1日	2日	3日	4日	5日	6日	7日	8日	9日	10日
零壹日	零贰日	零叁日	零肆日	零伍日	零陆日	零柒日	零捌日	零玖日	零壹拾日
11日	12日	13日	14日	15日	16日	17日	18日	19日	20日
壹拾壹日	壹拾贰日	壹拾叁日	壹拾肆日	壹拾伍日	壹拾陆日	壹拾柒日	壹拾捌日	壹拾玖日	零贰拾日
21日	22日	23日	24日	25日	26日	27日	28日	29日	30日
贰拾壹日	贰拾贰日	贰拾叁日	贰拾肆日	贰拾伍日	贰拾陆日	贰拾柒日	贰拾捌日	贰拾玖日	零叁拾日
31日									
叁拾壹日									

例如：

2011年2月12日应写为：贰零壹壹年零贰月壹拾贰日

2016年10月20日应写为：贰零壹陆年零壹拾月零贰拾日

若票据出票日期用阿拉伯数字填写的，银行不予受理。大写日期未按规定要求填写的，银行应不予受理；如对方实在要求，银行可予受理，但由此造成损失的，由出票人自行承担。

9. 摘要的书写

摘要是指摘录会计事项的要点，在会计凭证和会计账簿中有专门栏目书写。日常收支业务摘要的编写要规范统一，表达要简明、扼要、准确，并提供必要的数据资料。

二、错误中文书写的规范更正

会计人员在登记账簿书写文字时，一旦发现差错，不得任意涂改，严禁挖、补、涂、擦、刮、撕。应按规范的更正方法，划线更正法，进行订正，并加盖订正人私章，以明确责任。

更正文字时，可只更正单个文字，用红字在文字上画一条单线，并用蓝字在上方或右边写上正确的文字，错一个更正一个，只更正错误的部分，如图1-1所示。

需要注意的是，凭证、票据上的大写金额、大写日期和支票用途等不得更正，一旦书写错误，只能重写一张，写错的凭证应注销作废，但不能随便丢弃，应妥善保管。

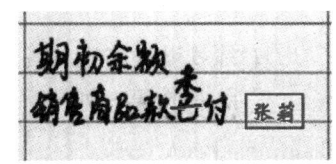

图1-1　文字的错误更正

【实训范例】

一、范例资料

2016 年 12 月 1 日，上海圆洲电器有限公司开出支票，向银行提取现金 3,000 元，以备使用。请正确填写支票内容。

二、操作步骤

步骤 1:填写正联日期及收款人。

在支票正联出票日期处正确填写大写日期，“2016 年 12 月 1 日”应写为“贰零壹陆年壹拾贰月零壹日”。收款人处应为“上海圆洲电器有限公司”。

步骤 2:填写正联大小写金额及用途。

在人民币大写金额处顶格正确填写大写金额“叁仟元整”，在小写金额处填写“￥3,000.00”，字迹端正。用途处填写“备用金”。

步骤 3:填写存根联。

存根联中出票日期可填写阿拉伯数字“2016 年 12 月 1 日”。收款人可填写公司简称，此处填写为“本单位”。金额处可填小写金额“3,000.00”，用途处填写“备用金”。

支票样本如图 1-2 所示。

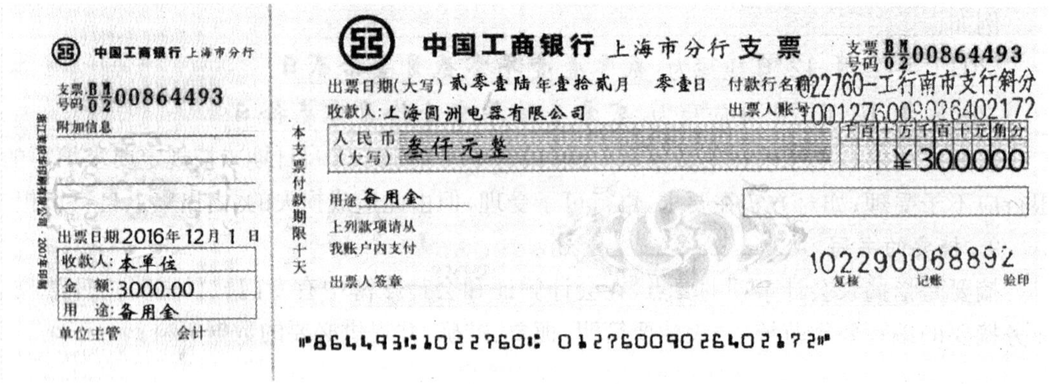
中国工商银行 上海市分行
支票号码 BM 02 00864493
附加信息
出票日期 2016年12月1日
收款人：本单位
金 额：3000.00
用 途：备用金
单位主管 会计

中国工商银行 上海市分行 支票
支票号码 BM 02 00864493
出票日期（大写）贰零壹陆年壹拾贰月 零壹日 付款行名称 22760-工行南市支行斜分
收款人：上海圆洲电器有限公司 出票人账号 001276009026402172
本支票付款期限十天
人民币（大写）叁仟元整 千 百 十 万 千 百 十 元 角 分 ￥300000
用途 备用金
上列款项请从
我账户内支付
出票人签章
102290068892
复核 记账 验印

图 1-2　支票样本

【技能实训】

1. 练习财会汉字书写(见表 1-5)

提示：请按第一列汉字书写。

表 1-5　　　　　　　　　　财会汉字书写表

壹											
贰											
叁											
肆											
伍											
陆											
柒											
捌											
玖											
零											
拾											
佰											
仟											
万											
亿											
元											
角											
分											
整											

2. 练习中文金额的书写(见表 1-6)

提示:靠左线、贴底线书写、占行 2/3。

表 1-6 中文金额表

金　额	金　额
人民币肆佰伍拾陆元柒角玖分	人民币捌佰万元整
人民币壹万零伍佰肆拾叁元贰角	人民币陆拾陆万柒仟元整
人民币叁仟陆佰肆拾贰元整	人民币柒仟玖佰陆拾捌元叁角
人民币肆佰零伍元整	人民币壹仟零壹元零壹分
人民币陆万伍仟元零陆角玖分	人民币壹万贰仟元零叁分
人民币玖仟零壹拾贰元整	人民币玖佰陆拾肆元柒角整
人民币柒佰捌拾陆元伍角肆分	人民币捌仟玖佰玖拾柒元陆角整
人民币叁拾肆万零陆拾柒元整	人民币壹万伍仟零壹元整
人民币叁佰贰拾壹元玖角整	人民币壹拾贰万零伍拾元零叁分
人民币玖拾捌万零伍元整	人民币肆拾万零柒元陆角肆分

3. 练习中文日期的书写(见表1-7)

提示:靠左线、贴底线书写、占行 2/3。

表1-7 中文日期表

日 期	日 期
贰零零壹年零壹月壹拾日	贰零壹贰年零贰月壹拾壹日
贰零零叁年叁月零叁日	贰零壹肆年肆月壹拾肆日
贰零零伍年伍月零贰拾日	贰零壹陆年陆月贰拾陆日
贰零零柒年柒月壹拾柒日	贰零零捌年捌月零壹拾日
贰零零玖年玖月零叁拾日	贰零壹零年零壹拾月零叁拾日
贰零壹壹年壹拾壹月壹拾壹日	贰零零贰年壹拾贰月壹拾贰日
贰零壹叁年零壹月叁拾壹日	贰零零肆年零贰月零贰拾日
贰零壹伍年伍月贰拾捌日	贰零零陆年陆月壹拾陆日
贰零壹陆年柒月零贰拾日	贰零零柒年捌月零壹拾日
贰零零捌年零壹拾月零壹拾日	贰零零玖年壹拾贰月叁拾壹日

4. 练习中文摘要的书写(见表1-8)

提示:靠左线、贴底线书写、占行2/3。

表1-8　　　　　　　　　　　　　中文摘要表

摘　要	摘　要
偿还前欠清利公司货款	计提本月固定资产折旧
购进甲材料,款项未付	支付本月管理部门房租
收到红星公司货款,存入银行	分配本月工资费用
向工行借入2年期贷款,存入银行	将本月收支账户结转"本年利润"
购买行政管理部门办公用品	按净利润的10%计提盈余公积
报销差旅费,结清暂借款	结转本月完工产品成本
收到国家投资机床一台	二车间领用生产用甲材料
发放职工薪酬	支付广告公司广告费
销售A产品,款未收	收到平安保险公司保险赔偿款
支付本月管理部门房租	乙材料盘点溢余,原因待查

5. 将下列小写金额,按正确的方法书写成大写金额(见表 1-9)

表 1-9　　　　　　　　　　　大小写金额转换表

小写金额	大写金额
￥35.70	
￥400.05	
￥5,001.37	
￥60.00	
￥750.60	
￥16.03	
￥80,009.00	
￥4,200.48	
￥509,000.06	
￥60,502.03	
￥782.05	
￥235,010.80	
￥19.30	
￥964.70	
￥712,050.05	
￥40,301.00	
￥667,000.00	
￥66,400.40	
￥400,007.64	
￥15,001.00	
￥8,997.60	
￥886,677.99	
￥36,780.22	
￥653,007.00	
￥538,987.00	
￥766,209.00	
￥87,090.76	
￥7,921.00	
￥2,008.09	

6. 将下列小写日期,按正确的方法书写成大写日期(见表 1-10)

表 1-10　　　　　　　　大小写日期转换表

小写日期	大写日期
2010. 11. 7	
2017. 2. 28	
2013. 6. 23	
2009. 8. 9	
2015. 12. 8	
2011. 3. 5	
2004. 10. 20	
2016. 4. 30	
2012. 9. 1	
2008. 7. 4	
2014. 1. 10	
2006. 5. 12	
2008. 2. 12	
2014. 5. 29	
2015. 4. 27	
2007. 10. 14	
2012. 12. 12	
2017. 3. 24	
2007. 9. 2	
2012. 8. 5	
2016. 3. 30	
2009. 9. 20	
2008. 11. 23	
2012. 10. 8	
2015. 2. 11	
2006. 8. 9	
2016. 8. 21	
2007. 9. 22	
2014. 4. 1	
2009. 8. 31	

7. 综合应用题

(1) 2017 年 11 月 20 日，上海东明公司开出支票，向银行提取现金 72,400 元，用途为货款。请完成支票(如图 1-3 所示)的填写。

中国工商银行 上海市分行
支票号码 BM 02 00864493
附加信息
出票日期 年 月 日
收款人:
金 额:
用 途:
单位主管 会计

本支票付款期限十天

中国工商银行 上海市分行 支 票 支票号码 BM 02 00864493
出票日期(大写) 年 月 日 付款行名称: 022760-工行南市支行斜分
收款人: 出票人账号: 1001276009026402172
人民币(大写) 千 百 十 万 千 百 十 元 角 分
用途
上列款项请从
我账户内支付
出票人签章 102290068892 复核 记账 验印

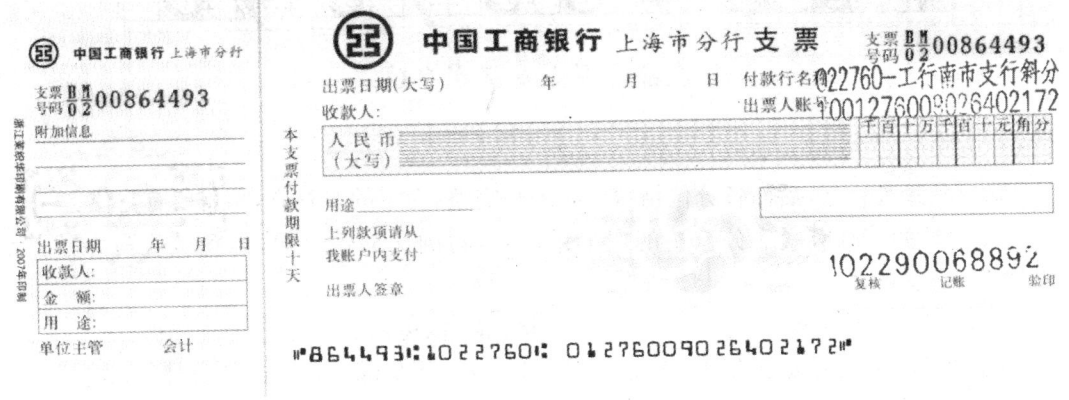

图 1-3 支票

(2) 2017 年 7 月 22 日，上海东明公司的出纳员张莉收到常宏交来出差借款余款 140 元。请帮助出纳员张莉填写收据(如图 1-4 所示)。

收　据

年　月　日　　字　NO. 0000623

今收到 ____________________

交　来 ____________________

人民币 ____________________　￥ __________

收款单位公章　　收款人 | 　　交款人 |

图 1-4 收据

实训二 数字的书写

【实训目标】

通过实训，掌握会计人员在处理各类票据中的数字书写规则，做到书写规范、清晰、端正，并掌握正确的数字更正方法。

【知识链接】

数字书写时应一一写清，自上而下，不连笔，要紧贴底线书写，不悬空，字的高度应占账表凭证金额分位格的1/2,不满格。每个数字要有一定斜度,60度左右,如图1-5所示。

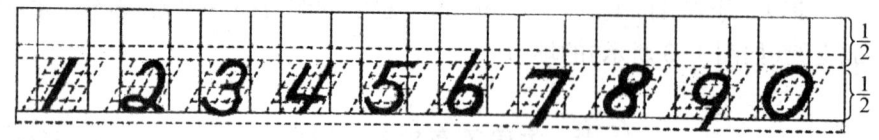

图 1-5　数字的书写规范

数字从最高位起,后面各分位格数字必须写完整,为零的要补齐,不得留有空位。

(1)"1"的下端应紧靠分位格的左下角,不能写的比其他字短,以免被改写为"4""6""7""9"。

(2)"2"的上面要略大一点,下端应有一个小圈,以免被改写为"3"。

(3)"3"的上面弧度要饱满、光滑,上半部分略小,下半部分略大,以免被误认为"5"。

(4)"4"的顶部不封口,两斜竖成平行线。

(5)"5"的上面短横的直角要明显,以免误与"8"混淆。

(6)"6"的上半部分应斜伸出上半格的1/4的高度,下圈要明显,以防止改写为"8"。

(7)"7"的上边折画不得圆滑,要明显又平直,上半部分应低下半格的1/4、下伸次行上半格的1/4处。

(8)"8"的上边要稍小,下边稍大,注意起笔应写成斜"S"型,终笔与起笔交接处应成菱角,以防止将"3"改为"8"。

(9)"9"上半部分应低下半格的1/4、下伸次行上半格的1/4处。

(10)"0"要写成椭圆形,既不要写得太小,也不要开口,不留尾巴,不要写的偏高或偏低,以防被改为"6"或"9"。

【技能指导】

一、数字书写要求

1. 采用 3 位分节制

阿拉伯数字的书写,要以国际通用标准和惯例为准,对整数部分按 3 位分节计数,即从个位向左每 3 位数字之间留出半格空,在靠近底线处用分节号","分开。

使用分节号,易于辨认数的数位,有利于数字的书写、阅读和计算工作(见表1-11)。

表 1-11　　　　　　　　　　　　　位数与节数对照表

四 节			三 节			二 节		一 节		
千亿位	百亿位	十亿位	亿位	千万位	百万位	十万位	万位	千位	百位	十位	个位

2. 货币符号的使用

在填制凭证时,小写金额前一般应标明货币符号,货币符号和小写金额之间不得留有空白。人民币符号"¥"是代表人民币的币制,又表示了人民币"元"的单位。所以小写金额前写"¥"以后,数字之后就不要再写"元"了。

3. 金额角、分等辅币的写法

在无金额分位格的凭证上,所有以"元"为单位的阿拉伯数字,除表示单价等情况外,一律写到角、分。无角、分的,可写"00"或"—";有角无分的,分位应写"0",不能用"—"等符号代替。例如:

人民币叁仟元整应写为:¥3,000.00

或:¥3. —

人民币叁仟元陆角应写为:¥3,000.60

不能写为:¥3,000.6—

二、错误数字书写的规范更正

重要凭证上发生错误时,要重新编制。除重要凭证不能更改外,书写出现错误,要采用划线更正法规范更正错误。

数字金额如有错误,不能局部更正,要将该笔数字全部划去重写,先在错误的数字中间画一条单红线全部划销,然后把正确的数字填在错误的数字上方(即账表格的上半格)。同时加盖订正人私章,以明确责任。

如果数字金额在未写完时发现错误,要将未写完的数字写完或以"0"字补至末位,然后再用红笔将全行错误数字划销,如图1-6所示。

错误的订正方法　　　　　正确的订正方法

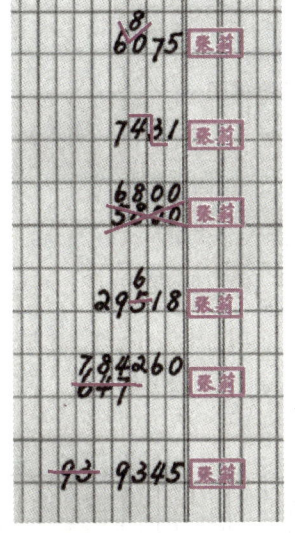
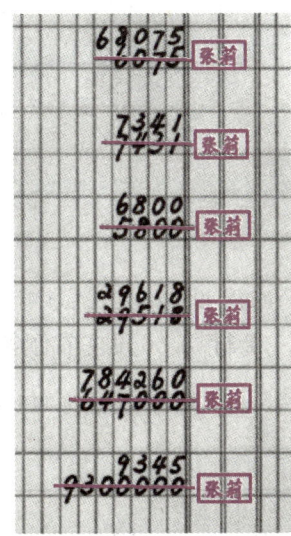

图1-6　划线更正法

【实训范例】

一、范例资料

2016 年 12 月 1 日，出纳人员登记现金日记账，业务内容如下：

(1) 12 月 1 日，期初余额为 6,589 元。

(2) 12 月1 日，凭证号为“银付 1”，对方科目为“银行存款”，摘要为“提现”，借方收入 3,000元，余额为 9,589 元。

二、操作步骤

步骤 1: 在账簿第一行登记库存现金的期初余额。

要求字迹端正，靠底线书写，字占 1/2 格子高度，数字 60 度倾斜，按照正确的书写规范书写。如果错误，按照正确的订正规则更正。

步骤 2: 在账簿的第二行登记库存现金的发生额。

现金日记账样图，如图 1-7 所示。

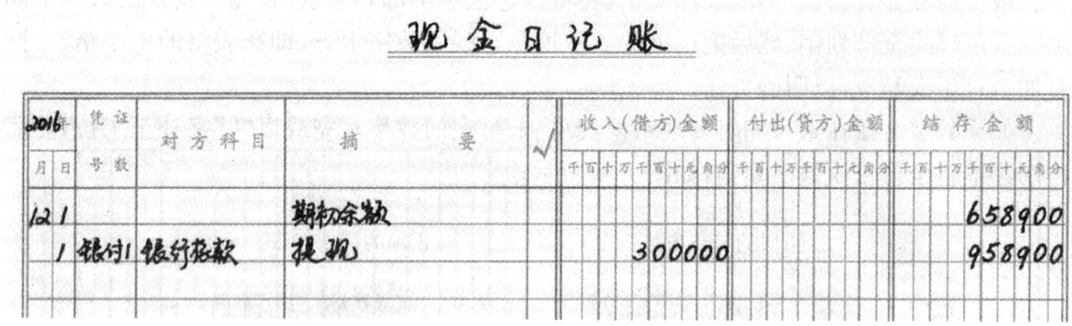

现金日记账

2016年 月	日	凭证号数	对方科目	摘要	√	收入(借方)金额	付出(贷方)金额	结存金额
12	1			期初余额				658900
	1	银付1	银行存款	提现		300000		958900

图 1-7　现金日记账样图

【技能实训】

1. 按照规范的账簿书写格式，练习财会的数字书写(见表 1-12)

提示：贴底线、1/2 行高、60 度左右倾斜。

表 1-12　　财会数字书写表

1	2	3	4	5	6	7	8	9	0

（续表）

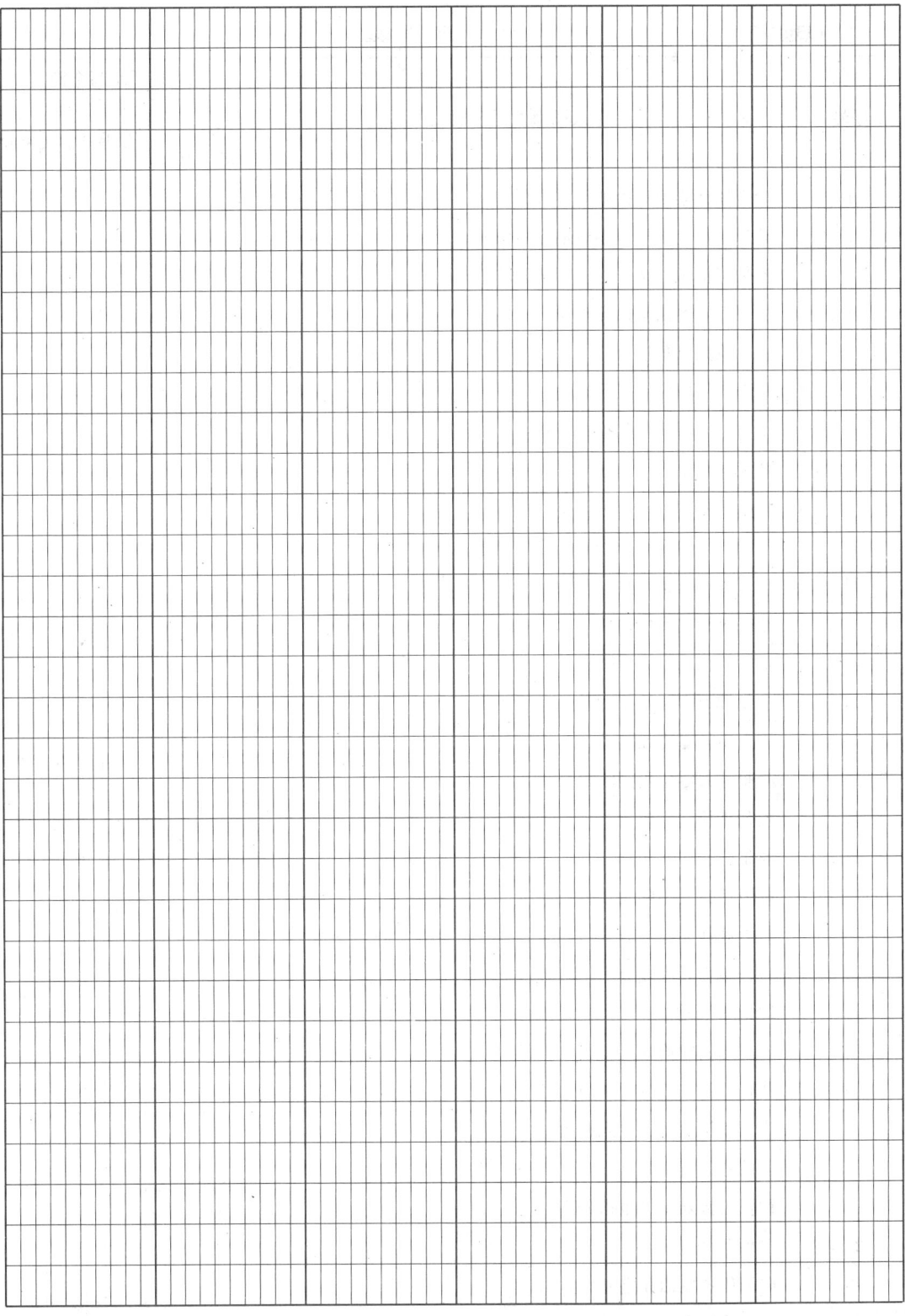

2. 根据大写金额规范地写出小写金额（见表1-13）

表1-13　　　　　　　　　　　大小写金额转换表

序号	人民币大写金额	人民币小写金额											
		十亿	亿	千万	百万	十万	万	千	百	十	元	角	分
1	壹万捌仟柒佰贰拾贰元零叁分												
2	贰仟贰佰壹拾陆万零伍佰元零伍分												
3	叁佰贰拾伍万柒仟玖佰零柒元陆角												
4	捌仟万零叁佰贰拾元玖角												
5	伍拾玖元玖角壹分												
6	肆万陆仟伍佰零贰元贰角												
7	柒拾陆万伍仟零陆拾肆元整												
8	肆元肆角伍分												
9	玖佰万零肆佰叁拾捌元整												
10	伍拾陆万叁仟柒佰零壹元贰角壹分												
11	玖仟零壹拾贰元整												
12	柒佰捌拾陆元伍角肆分												
13	捌仟玖佰玖拾柒元陆角												
14	叁拾肆万零陆拾柒元整												
15	壹万伍仟零壹元整												
16	壹拾贰万零伍拾元零叁分												
17	叁佰贰拾壹元玖角												
18	玖佰陆拾肆元柒角												
19	陆万伍仟元零陆角玖分												
20	壹万贰仟元零叁分												
21	壹仟零壹元零壹分												
22	肆佰零伍元整												
23	叁仟陆佰肆拾贰元整												
24	柒仟玖佰陆拾捌元叁角												
25	壹万零伍佰肆拾叁元贰角												
26	陆拾陆万柒仟元整												
27	肆佰伍拾陆元柒角玖分												
28	捌佰万元整												
29	陆万伍仟捌佰元整												
30	叁仟玖佰零伍元柒角												

3. 完成"应收账款"总账的登记

根据某企业 2017 年 12 月的业务,会计人员登记"应收账款"总账,内容如下:

(1) 12 月 1 日,期初余额为 457,500 元。

(2) 12 月 3 日,凭证号为"记 6",业务摘要为"销售商品款未收",借方金额 119,925 元,余额在借方,金额为 577,425 元。

(3) 12 月 6 日,凭证号为"记 11",业务摘要为"收到悦达公司汇票",贷方金额 158,500 元,余额在借方,金额为 418,925 元。

(4) 12 月 7 日,凭证号为"记 13",业务摘要为"收到商业汇票",贷方金额 50,000 元,余额在借方,金额为 368,925 元。

(5) 12 月 8 日,凭证号为"记 14",业务摘要为"销售商品款未收",借方金额 140,400 元,余额在借方,金额为 509,325 元。

(6) 12 月 8 日,凭证号为"记 15",业务摘要为"销售商品代垫运费",借方金额 1,500 元,余额在借方,金额为 510,825 元。

(7) 12 月 9 日,凭证号为"记 19",业务摘要为"收到前欠货款",贷方金额 141,900 元,余额在借方,金额为 368,925 元。

(8) 12 月 14 日,凭证号为"记 37",业务摘要为"销售商品款分期收款",借方金额 46,800 元,余额在借方,金额为 415,725 元。

(9) 12 月 23 日,凭证号为"记 50",业务摘要为"收到悦达公司第二期货款",贷方金额 46,800 元,余额在借方,金额为 368,925 元。

表 1-14　　　　　　　　　　　　"应收账款"总账

年		凭证编号	摘　要	借方										贷方										借或贷	余额									
月	日			千	百	十	万	千	百	十	元	角	分	千	百	十	万	千	百	十	元	角	分		千	百	十	万	千	百	十	元	角	分

4. 完成科目汇总表的填制

某企业 2017 年 12 月各总分类账户的发生额数据如表 1-15 所示,请填制 12 月科目汇总表(见表 1-16)。

表 1-15 　　　　　　　　　　　总分类账户期末发生额

2017 年 12 月 31 日 　　　　　　　　　　　单位:元

账户名称	借方	贷方
库存现金	7,419.00	6,570.00
银行存款	3,119,705.00	1,624,005.50
其他货币资金	298,000.00	104,500.00
应收账款	517,625.00	448,604.63
预付账款	35,670.00	2,972.50
原材料	927,300.00	318,448.39
库存商品	1,068,029.60	825,052.05
固定资产	216,000.00	
累计折旧		24,470.00
应付职工薪酬	272,500.00	322,431.50
应交税费	250,756.70	841,203.31
应付股利		479,040.44
长期借款		5,000.00
实收资本		2,600,000.00
盈余公积		335,686.65
本年利润	2,885,687.22	14,302.22
利润分配	1,625,454.18	2,976,992.50
生产成本	805,350.59	1,100,217.60
制造费用	86,971.20	86,971.20
主营业务收入	695,000.00	695,000.00
其他业务收入	10,000.00	10,000.00
主营业务成本	490,757.05	490,757.05
税金及附加	550.00	550.00
销售费用	101,974.80	101,974.80
管理费用	83,224.80	83,224.80
财务费用	7,000.00	7,000.00
所得税费用	721,421.81	721,421.81
合　　计	14,226,396.95	14,226,396.95

表 1-16   科目汇总表
                                年   月   日

会计科目	借方金额										贷方金额									
	千	百	十	万	千	百	十	元	角	分	千	百	十	万	千	百	十	元	角	分
合 计																				

项目二
点钞技能

点钞与验钞是按一定的方法清点钞票，查清票币的数额，挑出损伤币和假钞并整理捆扎的一项操作技术，是一项经常性、大量性、技能性很强的工作。点钞速度的快慢、水平的高低、质量的好坏直接影响工作的效率和质量。因此，点钞与验钞技术是从事财会、金融、商品经营等工作必须具备的基本技能。

知识目标

1. 熟悉人民币的防伪特征
2. 了解点钞的基础知识
3. 了解手持式、手按式的各种点钞方法
4. 了解点钞机的使用方法以及故障处理

技能目标

1. 熟练掌握真假人民币的识别技巧
2. 熟练掌握各种点钞方法及扎把技巧

实训一　人民币真伪识别

【实训目标】

通过实训,正确认识假币的危害,掌握人民币的基本防伪特征和鉴别方法,能正确识别与处理假币。

【知识链接】

一、了解人民币

人民币是我国的法定货币,是我国经济主权的象征,由国家授权中国人民银行发行。从1948年12月1日至今,我国先后共发行过五套人民币。目前,市场上流通的人民币绝大多数为第五套人民币。

1. 人民币发展历史

(1) 1948年12月1日,我国发行第一套人民币。

(2) 1955年3月1日,我国发行第二套人民币。

(3) 1962年4月15日,我国发行第三套人民币。

(4) 1987年4月27日,我国发行第四套人民币。

(5) 1999年10月1日,我国发行第五套人民币,被称为1999年版第五套人民币。2005年8月31日,我国对第五套人民币进行了一定的改版,称为2005年版第五套人民币。2015年11月12日,我国对第五套人民币100元纸币进行改版,称为2015年版第五套人民币100元纸币。

2. 假人民币

假人民币主要分伪造币和变造币两大类。

伪造币是指仿照真人民币的形状、颜色、图案,制造伪币、冒充真币的行为。

变造币是指用剪贴、挖补、拼凑、涂改、正背两面撕开等方法增大人民币票面额或增多票张数的行为。

二、伪造币、变造币的种类及基本特点

(一) 伪造币的种类及基本特点

伪造币的种类及基本特点如表2-1所示。

表 2-1　　　　　　　　　　伪造币的种类及基本特点

种类	基本特点
手绘假钞	按真币的样子临摹仿绘,质量粗劣。使用普通的胶版纸或书写纸,颜色是绘画颜料或广告色,笔调粗细不匀,颜色和图纹与真币差异较大

（续表）

种类	基本特点
蜡印假钞	由手工刻制蜡纸版油印,在蜡纸上按照真币的样子刻制图纹蜡版,再以油墨黑白漏印在纸上,然后在图纹上着颜色。有的用彩色油墨,在蜡版上印刷。颜色深浅不一,很不协调,漏墨过多的地方易出现油浸现象。蜡纸比较柔软,印制中容易使图纹变形
石印假钞	用石版和石印机印制,在石板上手工或用机器雕刻制成印版,然后在小型机具上印制。印制效果粗劣。由于石版较硬,容易出现油墨外溢或油浸现象。并且因印版表面不平整,使印出的图纹虚虚实实深浅不一,画面不协调。套色印刷也不十分准确,出现重叠、错位、漏白等问题
手刻凸版假钞	用木质印版印制,以木板为基料,采取手工雕刻方法制成凸版的印版,在小型机具上印制的,质量粗劣。由于木板有天然的木质纹路,纹路与非纹路之处吃墨程度不一样,印出的图纹有深有浅,套色不准确,存在重叠、错位等现象
拓印假钞	用真币拓印成,以真币为基础,用某种化学药品使真币上的图纹油墨脱离一部分拓印到另外的纸上而形成假钞。它的图案、花纹等和真币完全一样,但由于它只得到真币上的一部分油墨,因此墨色较浅,画面形态显得单薄清秀有一种膜脆的感觉。真币被拓印后也遭受到一定损坏,有的颜色变浅或图纹模糊不清。被拓印币虽是真币形成的,但它的背后必定有拓印伪币,因此更值得注意
复印合成假钞	利用黑白复印机制作,先将真币在复印机上复印出真币的黑白图案花纹,再用彩色套印的方法合成钞票样的假钞。这种假钞的印制效果比前述各种假钞要精细些,但在纸张、油墨等方面难以乱真,通过一定方法即可予以鉴别
机制假钞	利用特制的机器设备伪造,一般用手工或机器雕刻制版,或利用照相、电子扫描分色制版,在中小型印刷机上印制。这类假钞仿造的效果逼真,一次印制的数量也较多,易于扩散,危害较大
彩色复印假钞	利用彩色复印设备伪造。彩色复印在图纹、图景方面容易做到逼真,但在纸张、油墨、凹印等方面与真币有明显区别,通过一定的仪器或高倍显微镜就可以看出它的破绽
照相假钞	利用真币照版制作,是把真币拍摄、冲洗成照片,经过剪贴制作的。纸张厚脆,易于折断,并且假钞表面有光泽,与真币截然不同,较易识别
剪贴假钞	剪贴真币图片制成,将报纸、刊物或画册上印的人民币图片剪下来,正面和背面粘合起来即成。报刊图片的纸薄而绵软,画册图片的纸一般较厚而脆硬,并且币面的颜色和大小都不一样,很易识别

（二）变造币的种类及基本特点

变造币的种类及基本特点如表2-2所示。

表2-2　　　　　　　　　　　变造币的种类及基本特点

种类	基本特点
涂改币	这是将真币票面金额用化学药剂涂掉,再用油墨或颜料加以涂改,使其面额增大的假钞。这种变造币的涂改部分在颜色、花纹等方面和真币有明显的不同,它的破绽是较易识别
剪贴币	这是将真币剪贴拼凑成局部缺位,由5张拼成6张,或8张拼成10张。也有的是将票面金额部分进行挖补,使其面额增值。其拼凑、挖补部分的图案、花纹、线条不能完全对接准确,有时对接的花纹、线条本来就是不一样的

（续表）

种类	基本特点
揭页币	这是将真币的纸层揭开,一分为二,再用其他纸张粘贴于背后的单面假钞。虽然其图案、花纹等都和真币一样,但它另外一面是空白的,只能掺在众多的真币当中,滥竽充数,蒙混过关。因此,在清点大批量钞票时应注意这类假钞

三、第五套人民币主要防伪特征

（一）第五套(2005版)人民币100元券防伪特征

其部分防伪特征如图 2-1 和图 2-2 所示。

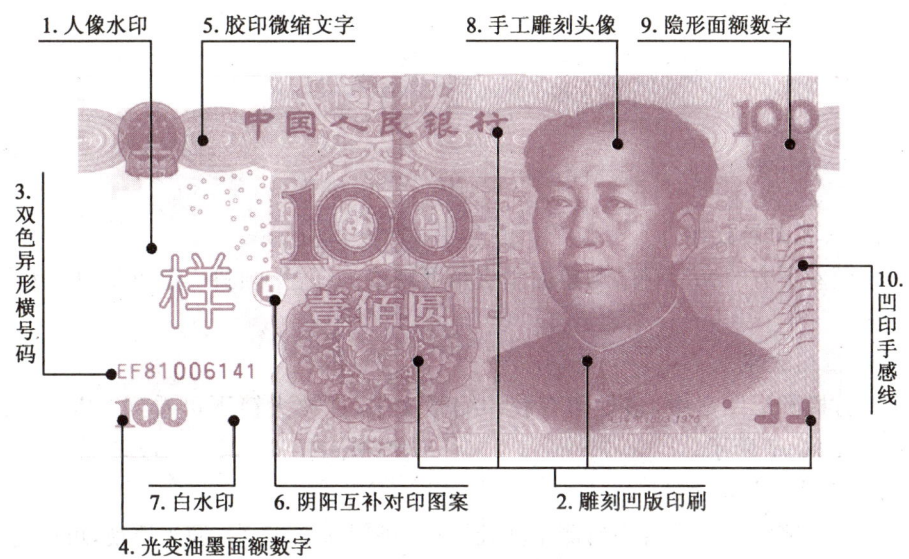

图 2-1　2005 版 100 元人民币正面部分防伪特征

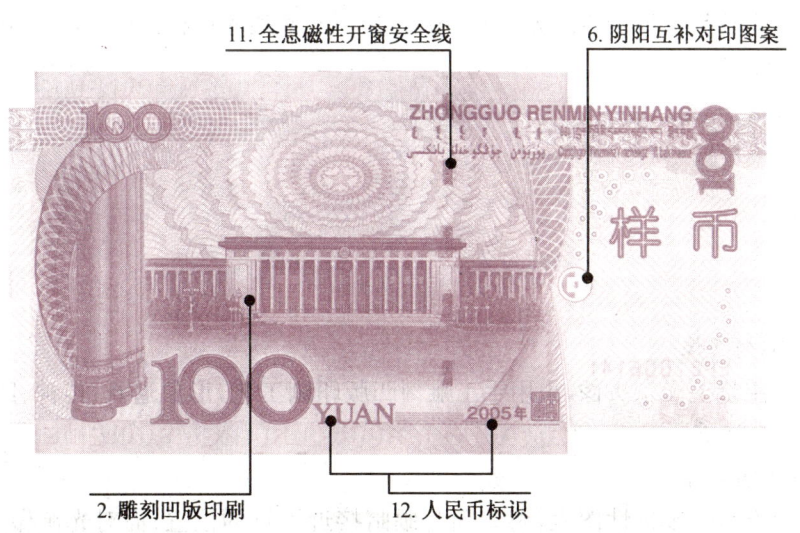

图 2-2　2005 版 100 元人民币反面部分防伪特征

1. 人像水印

位于正面左侧空白处,迎光透视,可以看到立体感很强的毛泽东头像水印,如图2-3所示。

2. 雕刻凹版印刷

正面主景毛泽东头像、"中国人民银行"字样、面额数字、盲文面额标记及背面主景人民大会堂图案等均采用雕刻凹版印刷,用手指触摸有明显凹凸感,如图2-4所示。

3. 双色异形横号码

正面左下角印有双色异形横号码,左侧部分为暗红色,右侧部分为黑色,字符由中间向左右两边逐渐变小,如图2-5所示。

图2-3 防伪一   图2-4 防伪二   图2-5 防伪三

4. 光变油墨面额数字

票面正面左下方"100"字样,与票面垂直角度观察为绿色,倾斜一定角度则变为蓝色,如图2-6所示。

5. 胶印微缩文字

正面上方椭圆形图案中,多处印有胶印缩微文字,在放大镜下可看到"RMB"和"RMB 100"字样,如图2-7所示。

6. 阴阳互补对印图案

票面正面左侧中间处和背面右侧中间处均有一圆形局部图案,迎光透视,可以看到正背面的局部图案重合并组成一个完整的古钱币图案,如图2-8所示。

7. 白水印

位于正面双色异形横号码下方,迎光透视,可以看到透光性很强的水印"100"字样,如图2-9所示。

图2-6 防伪四   图2-7 防伪五   图2-8 防伪六   图2-9 防伪七

8. 手工雕刻头像

位于正面主景毛泽东头像,采用手工雕刻凹版印刷工艺,形象逼真、传神、凹凸感强,易于识别,如图2-10所示。

9. 隐形面额数字

正面右上方有一装饰性图案,将票面与眼睛接近平行的位置、面对光源做上下倾斜晃动,可以看到面额数字"100"字样,如图2-11所示。

10. 凹印手感线

位于正面主景图案右侧,有一组自上而下规则排列的线纹,采用雕刻凹版印刷工艺印制,用手指触摸,有极强的凹凸感,如图 2-12 所示。

  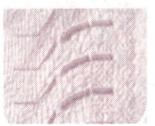

图 2-10　防伪八　　　　图 2-11　防伪九　　　　图 2-12　防伪十

11. 全息磁性开窗安全线

背面中间偏右,有一条开窗安全线,开窗部分可以看到由微缩字符"¥100"组成的全息图案,仪器检测有磁性,如图 2-13 所示。

12. 人民币标识

背面主景图案下方的面额数字右面,有人民币单元的汉语拼音"YUAN";背面主景图案右下方,年份为"2005 年",如图 2-14 所示。

图 2-13　防伪十一　　　　　　图 2-14　防伪十二

(二) 第五套(2015 版)人民币 100 元券防伪特征

其部分防伪特征如图 2-15 和图 2-16 所示。

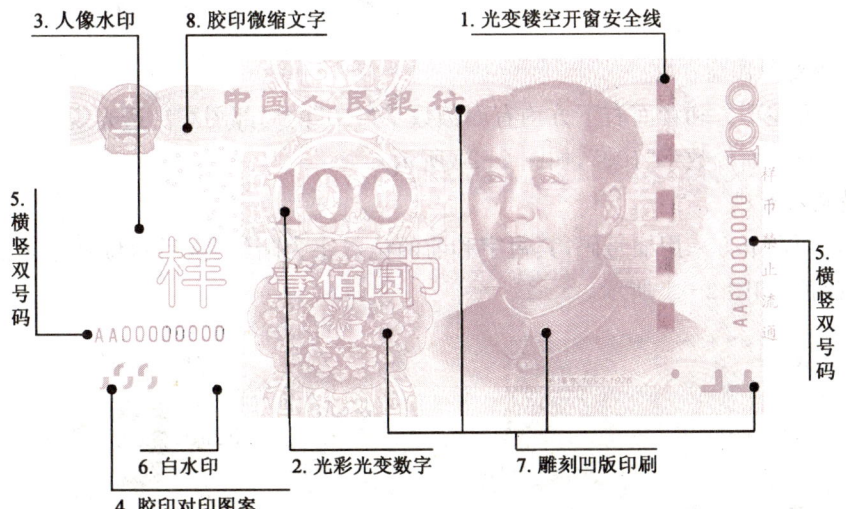

图 2-15　2015 版 100 元人民币正面部分防伪特征

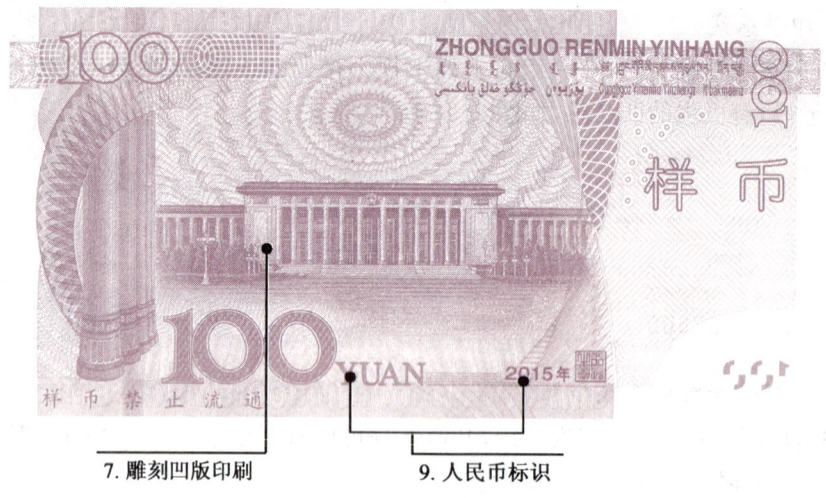

7. 雕刻凹版印刷   9. 人民币标识

图 2-16   2015 版 100 元人民币反面部分防伪特征

1. 光变镂空开窗安全线

位于票面正面右侧。垂直票面观察,安全线呈品红色;与票面成一定角度观察,安全线呈绿色;透光观察,可见安全线中正反交替排列的镂空文字"¥100",如图 2-17 所示。

2. 光彩光变数字

位于票面正面中部。垂直票面观察,数字以金色为主;平视观察,数字以绿色为主。随着观察角度的改变,数字颜色在金色和绿色之间交替变化,并可见到一条亮光带上下滚动,如图 2-18 所示。

3. 人像水印

位于票面正面左侧空白处。透光观察,可见毛泽东头像,如图 2-19 所示。

      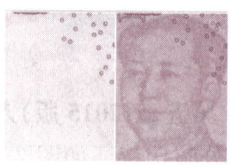

图 2-17   防伪一   图 2-18   防伪二   图 2-19   防伪三

4. 胶印对印图案

票面正面左下方和背面右下方均有面额数字"100"的局部图案。透光观察,正背面图案组成一个完整的面额数字"100",如图 2-20 所示。

5. 横竖双号码

票面正面左下方采用横号码,其冠字和前两位数字为暗红色,后六位数字为黑色;右侧竖号码为蓝色,如图 2-21 所示。

图 2-20   防伪四   图 2-21   防伪五

6. 白水印

位于票面正面横号码下方。透光观察,可以看到透光性很强的水印面额数字"100",如图 2-22 所示。

7. 雕刻凹印

票面正面毛泽东头像、国徽、"中国人民银行"字样、右上角面额数字、盲文及背面人民大会堂等均采用雕刻凹印印刷,用手指触摸有明显的凹凸感,如图 2-23 所示。

8. 胶印微缩文字

正面上方椭圆形图案中,多外印有胶印缩微文字,在放大镜下可看到"RMB"和"RMB100"字样,如图 2-24 所示。

9. 人民币标识

背面主景图案下方的面额数字右面,有人民币单元的汉语拼音"YUAN";背面景图案右下方,年号为"2015 年",如图 2-25 所示。

图 2-22 防伪六　　　图 2-23 防伪七　　　图 2-24 防伪八　　　图 2-25 防伪九

(三) 第五套(2005 版)人民币 50 元券防伪特征

其部分防伪特征如图 2-26 和图 2-27 所示。

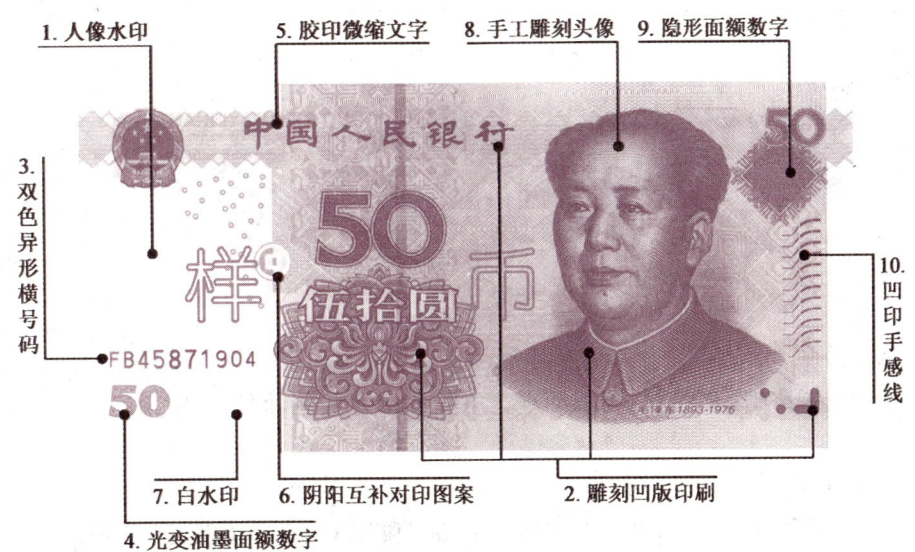

图 2-26　2005 版 50 元人民币正面部分防伪特征

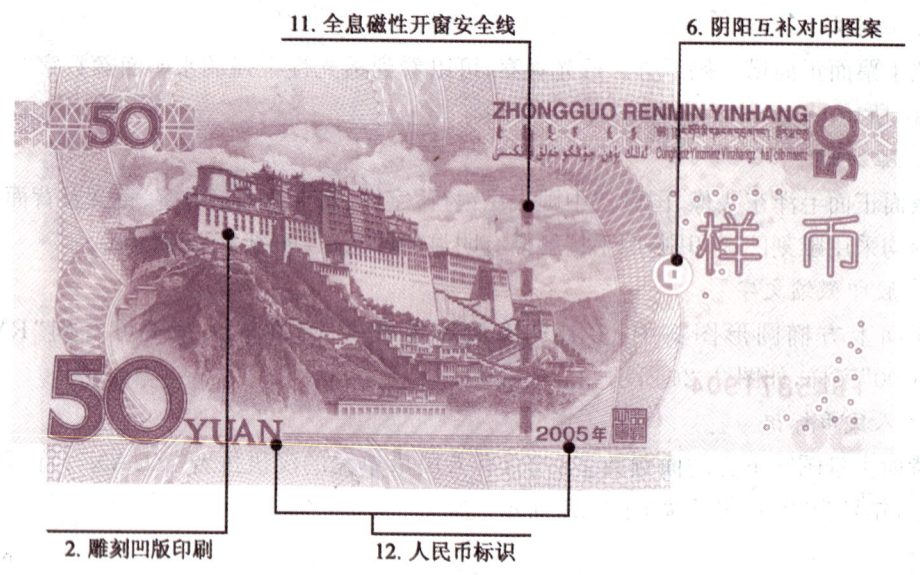

11. 全息磁性开窗安全线　　　　6. 阴阳互补对印图案

2. 雕刻凹版印刷　　　12. 人民币标识

图 2-27　2005 版 50 元人民币反面部分防伪特征

1. 人像水印

位于正面左侧空白处,迎光透视,可以看到与主景人像相同,立体感很强的毛泽东头像水印,如图 2-28 所示。

2. 雕刻凹版印刷

正面主景毛泽东头像、"中国人民银行"字样、面额数字、盲文面额标记及背面主景布达拉宫图案等均采用雕刻凹版印刷,用手指触摸有明显凹凸感,如图 2-29 所示。

3. 双色异形横号码

正面左下角印有双色异形横号码,左侧部分为暗红色,右侧部分为黑色,字符由中间向左右两边逐渐变小,如图 2-30 所示。

图 2-28　防伪一　　　　图 2-29　防伪二　　　　图 2-30　防伪三

4. 光变油墨面额数字

票面正面左下方"50"字样,与票面垂直角度观察为金色,倾斜一定角度则变为绿色,如图 2-31 所示。

5. 胶印微缩文字

正面上方胶印图案中,多处印有缩微文字"50"和"RMB 50",如图 2-32 所示。

6. 阴阳互补对印图案

票面正面左侧中间处和背面右侧中间处均有一圆形局部图案,迎光透视,可以看到正背面的局部图案重合并组成一个完整的古钱币图案,如图 2-33 所示。

7. 白水印

位于正面双色异形横号码下方,迎光透视,可以看到透光性很强的水印“50”字样,如图 2-34 所示。

图 2-31 防伪四　　图 2-32 防伪五　　图 2-33 防伪六　　图 2-34 防伪七

8. 手工雕刻头像

位于正面主景毛泽东头像,采用手工雕刻凹版印刷工艺,形象逼真、传神、凹凸感强,易于识别,如图 2-35 所示。

9. 隐形面额数字

调整隐形面额数字观察角度,正面右上方有一装饰性图案,将票面与眼睛接近平行的位置、面对光源做上下倾斜晃动,可以看到面额数字“50”字样,如图 2-36 所示。

10. 凹印手感线

位于正面主景图案右侧,有一组自上而下规则排列的线纹,采用雕刻凹版印刷工艺印制,用手指触摸,有极强的凹凸感,如图 2-37 所示。

图 2-35 防伪八　　　　图 2-36 防伪九　　　　图 2-37 防伪十

11. 全息磁性开窗安全线

背面中间偏右,有一条开窗安全线,开窗部分可以看到由微缩字符“￥50”组成的全息图案,仪器检测有磁性,如图 2-38 所示。

12. 人民币标识

背面主景图案下方的面额数字右面,有人民币单元的汉语拼音“YUAN”;背面主景图案右下方,年份为“2005 年”,如图 2-39 所示。

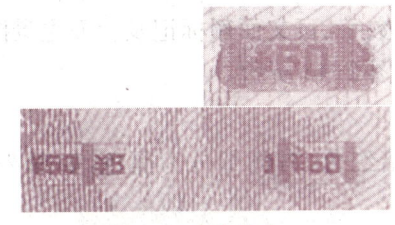 

图 2-38 防伪十一　　　　　　图 2-39 防伪十二

(四)第五套(2005版)人民币20元券防伪特征

其部分防伪特征如图2-40和图2-41所示。

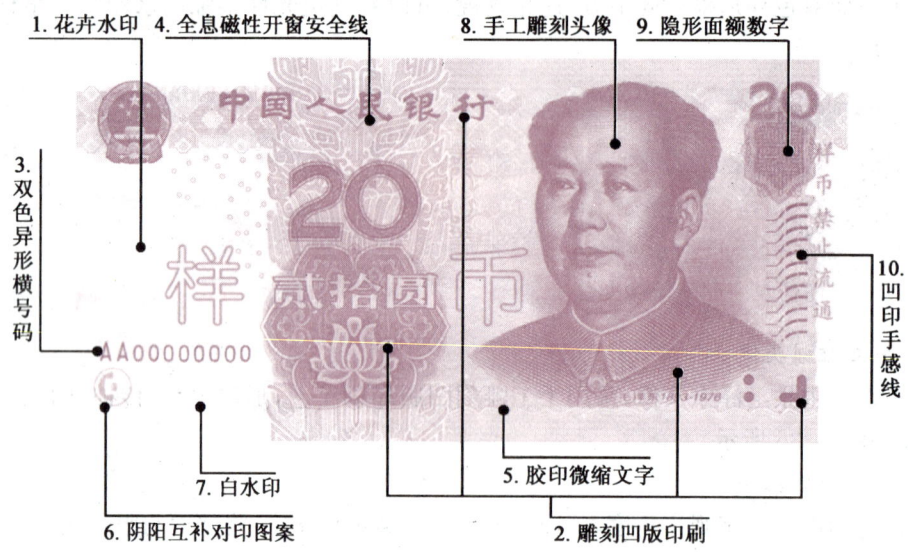

图 2-40　2005 版 20 元人民币正面部分防伪特征

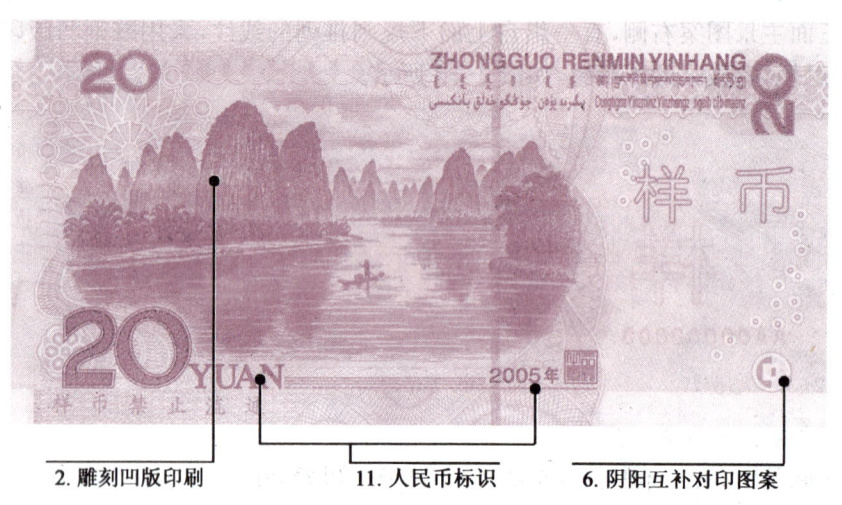

图 2-41　2005 版 20 元人民币反面部分防伪特征

1. 花卉水印

位于正面左侧空白处,迎光透视,可以看到立体感很强的荷花水印,如图2-42所示。

2. 雕刻凹版印刷

正面主景毛泽东头像、"中国人民银行"字样、面额数字、盲文面额标记及背面主景图案等均采用雕刻凹版印刷,用手指触摸有明显凹凸感,如图2-43所示。

3. 双色异形横号码

正面左下角印有双色异形横号码,左侧部分为暗红色,右侧部分为黑色,如图2-44所示。

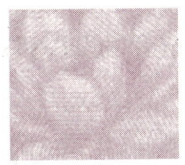

图 2-42　防伪一　　　　图 2-43　防伪二　　　　图 2-44　防伪三

4. 全息磁性开窗安全线

正面中间偏左,有一条开窗安全线,开窗部分可以看到由微缩字符"¥20"组成的全息图案,仪器检测有磁性,如图 2-45 所示。

5. 胶印微缩文字

正面右侧和下方多处印有缩微文字"RMB 20"字样,如图 2-46 所示。

图 2-45　防伪四　　　　　　图 2-46　防伪五　　　　　图 2-47　防伪六

6. 阴阳互补对印图案

正面左下角和背面右下角均有一圆形局部图案,迎光透视,可以看到正背面图案组成一个完整的古钱币图案,如图 2-47 所示。

7. 白水印

位于正面双色异形横号码下方,迎光透视,可以看到透光性很强的水印"20"字样,如图 2-48 所示。

8. 手工雕刻头像

位于正面主景毛泽东头像,采用手工雕刻凹版印刷工艺,形象逼真、传神、凹凸感强,易于识别,如图 2-49 所示。

9. 隐形面额数字

正面右上方有一装饰性图案,将票面与眼睛接近平行的位置、面对光源做上下倾斜晃动,可以看到面额数字"20"字样,如图 2-50 所示。

图 2-48　防伪七　　　　图 2-49　防伪八　　　　图 2-50　防伪九

10. 凹印手感线

正面主景图案右侧,有一组自上而下规则排列的线纹,采用雕刻凹版印刷工艺印制,用手指触摸,有极强的凹凸感,如图 2-51 所示。

11. 人民币标识

背面主景图案下方的面额数字右面，有人民币单元的汉语拼音"YUAN"；背面主景图案右下方，年份为"2005年"，如图2-52所示。

图2-51　防伪十　　　　　　　　　　　　　　　　图2-52　防伪十一

（五）第五套（2005版）人民币10元券防伪特征

其部分防伪特征如图2-53和图2-54所示。

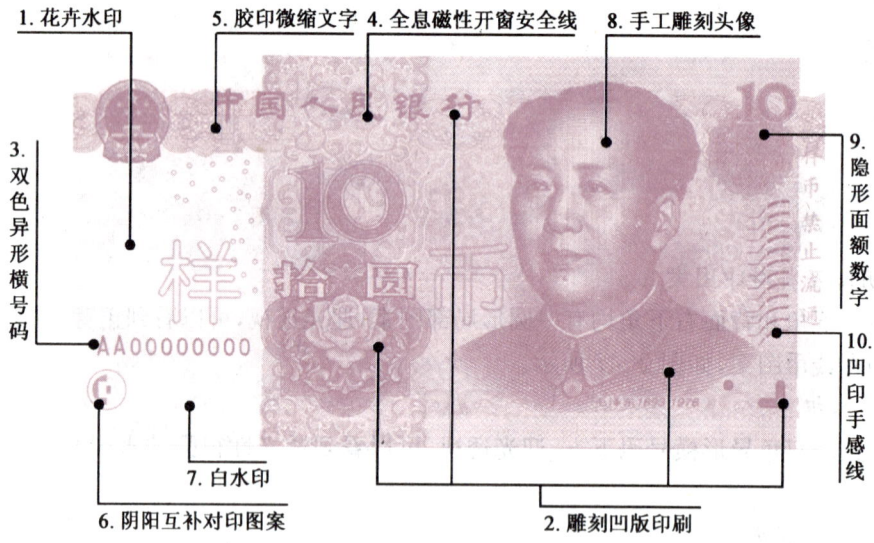

图2-53　2005版10元人民币正面部防伪特征

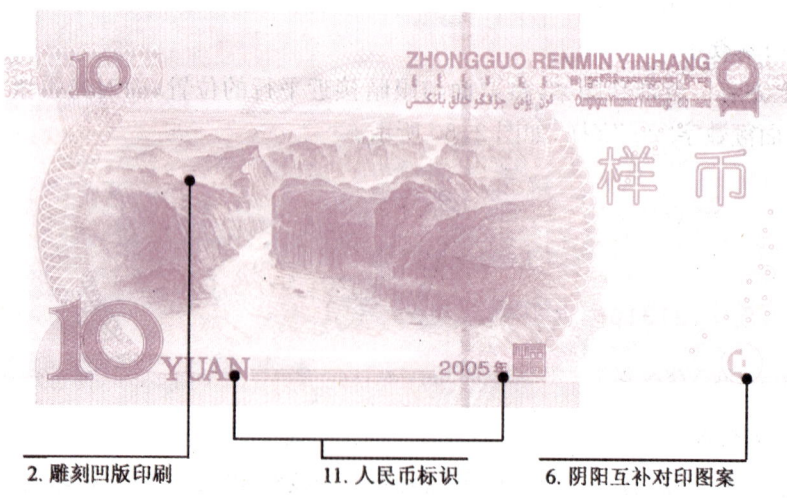

图2-54　2005版10元人民币反面部防伪特征

1. 花卉水印

位于正面左侧空白处,迎光透视,可以看到立体感很强的月季花水印,如图 2-55 所示。

2. 雕刻凹版印刷

正面主景毛泽东头像、"中国人民银行"字样、面额数字、盲文面额标记及背面主景图案等均采用雕刻凹版印刷,用手指触摸有明显凹凸感,如图 2-56 所示。

3. 双色异形横号码

正面左下角印有双色异形横号码,左侧部分为暗红色,右侧部分为黑色,如图 2-57 所示。

图 2-55　防伪一

图 2-56　防伪二

图 2-57　防伪三

4. 全息磁性开窗安全线

正面中间偏左,有一条开窗安全线,开窗部分可以看到由微缩字符"￥10"组成的全息图案,仪器检测有磁性,如图 2-58 所示。

5. 胶印微缩文字

正面上方胶印图案中,多处印有缩微文字"RMB 10"和"10"字样,如图 2-59 所示。

6. 阴阳互补对印图案

正面左下角和背面右下角均有一圆形局部图案,迎光透视,可以看到正背面图案组成一个完整的古钱币图案,如图 2-60 所示。

图 2-58　防伪四

图 2-59　防伪五

图 2-60　防伪六

7. 白水印

位于正面双色异形横号码下方,迎光透视,可以看到透光性很强的水印"10"字样,如图 2-61 所示。

8. 手工雕刻头像

位于正面主景毛泽东头像,采用手工雕刻凹版印刷工艺,形象逼真、传神、凹凸感强,易于识别,如图 2-62 所示。

9. 隐形面额数字

正面右上方有一装饰性图案,将票面与眼睛接近平行的位置、面对光源做上下倾斜晃动,可以看到面额数字"10"字样,如图2-63所示。

图2-61　防伪七　　　　　图2-62　防伪八　　　　　图2-63　防伪九

10. 凹印手感线

正面主景图案右侧,有一组自上而下规则排列的线纹,采用雕刻凹版印刷工艺印制,用手指触摸,有极强的凹凸感,如图2-64所示。

11. 人民币标识

背面主景图案下方的面额数字右面,有人民币单元的汉语拼音"YUAN";背面主景图案右下方,年份为"2005年",如图2-65所示。

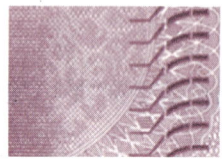

图2-64　防伪十　　　　　　　　图2-65　防伪十一

(六)第五套(2005版)人民币5元券防伪特征

其防伪特征如图2-66和图2-67所示。

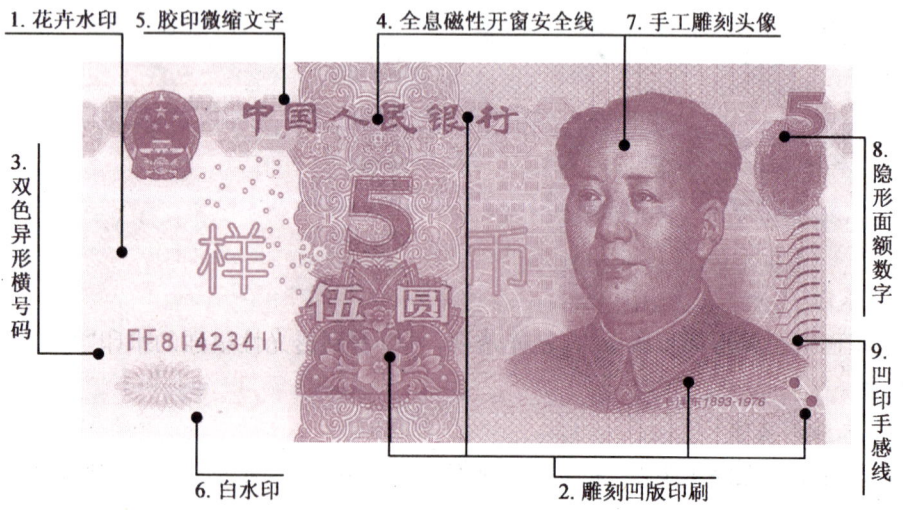

图2-66　2005版5元人民币正面部分防伪特征

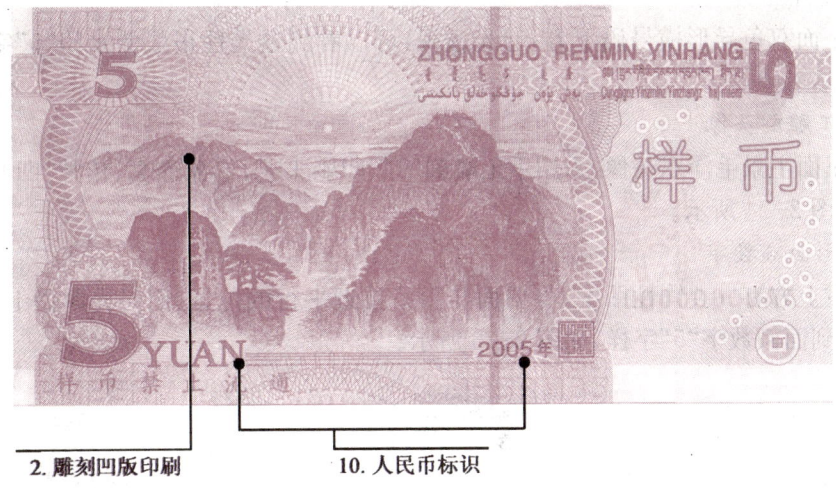

2. 雕刻凹版印刷   10. 人民币标识

图 2-67　2005 版 5 元人民币反面部分防伪特征

1. 花卉水印

位于正面左侧空白处，迎光透视，可以看到立体感很强的水仙花水印，如图 2-68 所示。

2. 雕刻凹版印刷

正面主景毛泽东头像、"中国人民银行"字样、面额数字、盲文面额标记及背面主景图案等均采用雕刻凹版印刷，用手指触摸有明显凹凸感，如图 2-69 所示。

3. 双色异形横号码

正面左下角印有双色异形横号码，左侧部分为暗红色，右侧部分为黑色，如图 2-70 所示。

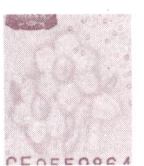      

图 2-68　防伪一   图 2-69　防伪二   图 2-70　防伪三

4. 全息磁性开窗安全线

正面中间偏左，有一条开窗安全线，开窗部分可以看到由微缩字符"￥5"组成的全息图案，仪器检测有磁性，如图 2-71 所示。

5. 胶印微缩文字

正面上方胶印图案中，多处印有缩微文字"RMB 5"和"5"字样，如图 2-72 所示。

图 2-71　防伪四   图 2-72　防伪五

6. 白水印

位于正面双色异形横号码下方，迎光透视，可以看到透光性很强的水印"5"字样，如图2-73所示。

7. 手工雕刻头像

位于正面主景毛泽东头像，采用手工雕刻凹版印刷工艺，形象逼真、传神、凹凸感强，易于识别，如图2-74所示。

8. 隐形面额数字

正面右上方有一装饰性图案，将票面与眼睛接近平行的位置、面对光源做上下倾斜晃动，可以看到面额数字"5"字样，如图2-75所示。

图 2-73 防伪六

图 2-74 防伪七

图 2-75 防伪八

9. 凹印手感线

正面主景图案右侧，有一组自上而下规则排列的线纹，采用雕刻凹版印刷工艺印制，用手指触摸，有极强的凹凸感，如图2-76所示。

10. 人民币标识

背面主景图案下方的面额数字右面，有人民币单元的汉语拼音"YUAN"；背面主景图案右下方，年份为"2005年"，如图2-77所示。

图 2-76 防伪九

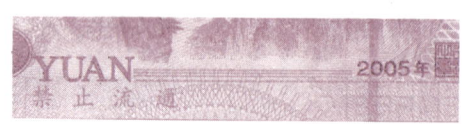
图 2-77 防伪十

【技能指导】

一、假币的识别方法

直观地鉴定人民币真伪，可将其归纳为"一看、二摸、三听、四测"。

（一）一看

（1）水印识别：看钞票的水印是否清晰，有无层次感和主体效果。人民币水印是在造纸中采用特殊工艺而形成的暗记。真币水印的特点是层次分明、立体感强，透光观察清晰。而假币特点是水印模糊，无立体感，变形较大，假币多是用浅色油墨加印在纸张正背面，不需迎光透视就能看到，有些是将事先做好的水印嵌进假币的夹层中，这种水印相当逼真，不过水印部分纸张较厚,用手指触摸即可感觉到。

（2）安全线识别:看安全线,看整张票面图案是否统一。真币的安全线是立体实物与钞纸融为一体,有凸起的手感。假币一般是印上或画上的颜色,模糊不清,或是手工夹入一条银色塑料线,容易在币纸边缘发现未经剪齐的银白色线头。第五套人民币的安全线上有微缩文字,假币仿造的文字不清晰,线条容易抽出。

（二）二摸

凹印技术识别。真币的技术特点是图像层次清晰,色泽鲜艳、浓郁,立体感强,触摸有凹凸感,如1元至100元券人民币在人物、字体、国徽、盲点处都采用了这一技术。用手抚摸这些地方,有较鲜明的凹凸感,较新钞票用手指划过,有明显阻力。而假币图案平淡,手感光滑,花纹图案较模糊,无凹凸感。

（三）三听

人民币纸张是特制纸,挺括耐折,用手抖动会发出清脆的声音。假币纸张发软,偏薄,声音发闷,不耐揉折。

（四）四测

目前鉴别钞票真伪常用的有紫光灯,进行荧光检测,一是检测纸张有无荧光反映,人民币纸张未经荧光漂白,在荧光灯下无荧光反映,纸张发暗。假币纸张多经过漂白,在荧光灯下有明显荧光反映,纸张发白发黄。二是人民币有一两处荧光文字,呈淡黄色,假人民币的荧光文字色泽不正,呈惨白色;也可用测定钞票是否具有磁性的磁性仪;还有用放大镜观察,结合人民币的特征,仔细核对识别,如利用放大镜仔细观察票面图案、花纹、平印、凹印线条颜色特征是否与真币一致,尤其是平印线接线技术是否与真钞一致。

二、收到假币的处理方法

1. 反复检验

出纳人员在收付现金时发现可疑假币,应进一步反复检验。

2. 交送银行鉴别

出纳人员发现假币应立即送交附近的银行进一步鉴别。

出纳人员发现可疑假币不能断定其真假时,不得随意加盖假币戳记和没收,应向持币人说明情况,开具临时收据,连同可疑币及时送交当地人民银行鉴定。

经人民银行鉴定,确属假币时,应按发现假币后的办法处理;如确定不是假币时,应及时将钞票退还持币人。

广大群众在日常生活中发现假币,应立即就近送交银行鉴定,并向公安机关和银行举报及提供有关详情,协助破案。

3. 登记

收款部门没收假币必须向假币持有者出示凭证,写明该票币的面值号码,准备将假币上缴的银行等金融机构的名称等。

银行收到假币时,会按规定予以没收,并当着顾客面在假币上加盖"假币"字样的戳记印章,同时出具中国人民银行统一印刷的《假币收缴凭证》给顾客,并将所收假币登记造册,妥善保管,定期上缴中国人民银行当地分支行。

4. 上缴

出纳人员上缴假币给银行,要求开具收据,并签有收币单位的公章和收币人签字,如图2-78所示。

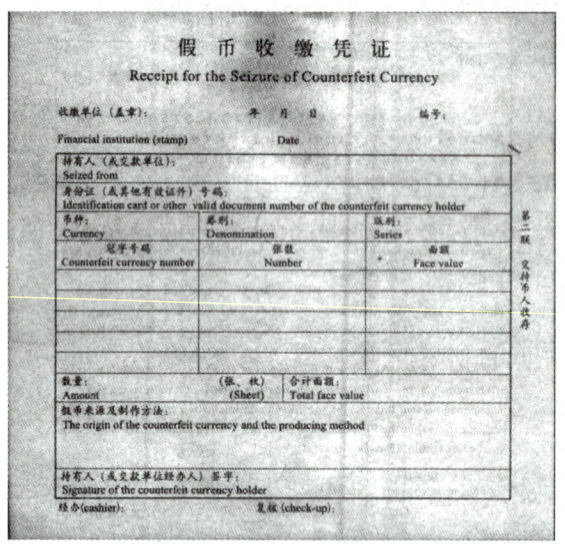

图 2-78　假人民币没收收据

出纳人员发现假币必须上缴,杜绝将假币退还给持币者,造成假币在市场上的流通,给国家、单位、个人造成危害。

【实训范例】

一、范例资料

面值为 100 元、50 元、20 元、10 元、5 元、1 元的人民币各数张。

二、操作步骤

(一) 看

1. 看水印

第五套人民币各券别纸币的固定水印位于各券别纸币票面正面左侧的空白处,迎光透视,可以看到立体感很强的水印。100 元、50 元纸币的固定水印为毛泽东头像图案。20 元、10 元、5 元纸币的固定水印分别为"荷花""月季花""水仙花"的花卉图案,如图2-79所示。

　　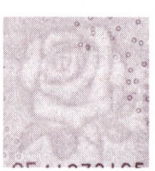　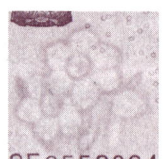

100 元和 50 元人像水印　　20 元花卉水印　　10 元花卉水印　　5 元花卉水印

图 2-79　水印

2. 看安全线

第五套人民币纸币在各券别票面正面中间偏左,均有一条安全线。100元、50元纸币的安全线,迎光透视,分别可以看到缩微文字"RMB 100"和"RMB 50"的微小文字,仪器检测均有磁性;20元纸币,迎光透视,是一条明暗相间的安全线,10元、5元纸币安全线为全息磁性开窗式安全线,即安全线局部埋入纸张中,局部裸露在纸面上,开窗部分分别可以看到由微缩字符"¥10"和"¥5"组成的全息图案,仪器检测有磁性,如图2-80所示。

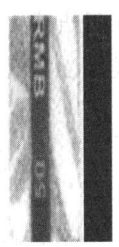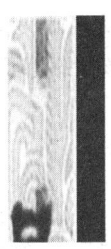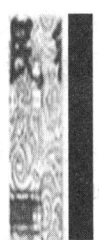
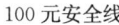

100元安全线　　50元安全线　　20元安全线　　10元安全线　　5元安全线

图2-80　安全线

3. 看光变油墨

第五套人民币100元券和50元券正面左下方的面额数字采用光变墨印刷。将垂直观察的票面倾斜到一定角度时,100元券的面额数字会由绿色变为蓝色;50元券的面额数字则会由金色变为绿色,如图2-81所示。

100元　　　　　　　　　　　50元

图2-81　光变油墨印刷

4. 看阴阳图案

看票面图案是否清晰,色彩是否鲜艳,对接图案是否可以对接上。

第五套人民币纸币的阴阳互补对印图案应用于100元、50元和10元券中。这三种券别的正面左下方和背面右下方都印有一个圆形局部图案。迎光透视,两幅图案准确对接,组合成一个完整的古钱币图案。

5. 看微缩文字

用5倍以上放大镜观察票面,看图案线条、缩微文字是否清晰干净。

第五套人民币纸币各券别正面胶印图案中,多处均印有微缩文字,20元纸币背面也有该防伪措施。100元微缩文字为"RMB"和"RMB 100";50元为"50"和"RMB 50";20元为"RMB 20";10元为"RMB 10";5元为"RMB 5"和"5"字样,如图2-82所示。

| 100元 | 50元 | 20元 | 10元 | 5元 |

图 2-82 微缩文字

（二）摸

（1）摸人像、盲文点、中国人民银行行名等处是否有凹凸感。第五套人民币纸币各券别正面主景均为毛泽东头像，采用手工雕刻凹版印刷工艺，形象逼真、传神，凹凸感强，易于识别。

（2）摸纸币是否薄厚适中，挺括度好。

（三）听

即通过抖动钞票使其发出声响，根据声音来分辨人民币真伪。人民币的纸张，具有挺括、耐折、不易撕裂的特点。

手持钞票用力抖动、手指轻弹或两手一张一弛轻轻对称拉动，能听到清脆响亮的声音。

（四）测

借助一些简单的工具和专用的仪器来分辨人民币真伪。

（1）放大镜：可以观察票面线条清晰度、胶、凹印缩微文字等。

（2）紫外灯光：照射票面，可以观察钞票纸张和油墨的荧光反映。

（3）磁性检测仪：可以检测黑色横号码的磁性。

【技能实训】

1. 判断题

（1）第五套人民币 20 元纸币背面主景是长江三峡。　　　　　　　　　（　　）

（2）第五套人民币 20 元纸币的安全线上有微缩文字。　　　　　　　　（　　）

（3）第五套人民币（2005 版）各面额纸币在正面行名下方均印有无色荧光图案。（　　）

（4）第五套人民币（2005 版）各面额纸币均采用了对印技术。　　　　　（　　）

（5）第五套人民币（2005 版）各面额纸币均采用了胶印接线印刷技术。　（　　）

（6）第五套人民币（2005 版）各面额纸币票面上的冠字号码均有磁性。　（　　）

（7）第五套人民币（2005 版）各面额纸币上的盲文面额标记均在票面正面的右下方。（　　）

（8）第五套人民币 100 元纸币（2015 版）的票面正面右侧，采用了光变镂空开窗安全线。

　　　　　　　　　　　　　　　　　　　　　　　　　　　　　　　（　　）

（9）出纳人员收到假币时，应按规定予以没收，并自行销毁。　　　　　（　　）

（10）伪造人民币是指用剪贴、挖补、拼凑、涂改、正背两面撕开等方法增大人民币票面额或增多票张数的行为。　　　　　　　　　　　　　　　　　　（　　）

2. 单项选择题

（1）第五套人民币（2005 版）各面额纸币上的隐形面额数字在票面的（　　）。

    A. 正面左下方   B. 正面右下方

    C. 正面右上方   D. 背面左上方

(2) 第五套人民币(2005版)100元、50元和10元纸币上的"阴阳互补对印图案"是(　　)。

    A. 花卉   B. 古钱币   C. 文字   D. 人物头像

(3) 第五套人民币(2015版)100元纸币的光彩光变数字的颜色变化是(　　)。

    A. 由绿色变金色   B. 由金色变绿色

    C. 由蓝色变黄色   D. 由绿色变蓝色

(4) 第五套人民币(2005版)100元纸币安全线包含的防伪措施是(　　)。

    A. 微缩文字和荧光   B. 磁性和荧光

    C. 微缩文字和磁性   D. 全息和荧光

(5) 第五套人民币(2015版)100元纸币的冠字号码采用(　　)。

    A. 横号码   B. 竖号码   C. 横竖双号码   D. 斜号码

(6) 第五套人民币10元纸币的背面主景图案是(　　)。

    A. 桂林山水   B. 泰山   C. 长江三峡   D. 布达拉宫

(7) 第五套人民币10元纸币安全线包含的防伪措施是(　　)。

    A. 全息、磁性、开窗   B. 磁性、荧光、开窗

    C. 全息、荧光、开窗   D. 荧光、开窗

(8) 第五套人民币5元纸币的背面主景图案是(　　)。

    A. 桂林山水   B. 泰山   C. 长江三峡   D. 布达拉宫

(9) 第五套人民币10元纸币的固定水印图案为(　　)。

    A. 牡丹花   B. 菊花   C. 月季花   D. 紫荆花

(10) 在柜台发现假钞时,经2人鉴定为假币后,出纳人员应填写(　　)交假币持有者。

    A. 假币收缴凭证   B. 假币没收收据

    C. 假币收入凭证   D. 假币没收登记簿

3. 识别人民币防伪特征

    指出2015年版第五套人民币100元纸币的防伪特征(如图2-83所示)。

图2-83　2015年版第五套人民币100元纸币的防伪特征

①　_____

②　_____

③　_____

④　_____

⑤　_____

⑥　_____

⑦　_____

⑧　_____

⑨　_____

⑩　_____

实训二　手持式单指单张点钞

【实训目标】

通过实训,熟练掌握手持式单指单张点钞的持钞姿势和点钞技巧,能够熟练地进行点钞和捆扎,做到指法正确、动作协调、准确率高。

【知识链接】

一、点钞的基本方法

点钞包括整点纸币和硬币,按照是否自动化,可以分为手工点钞和机器点钞两大类。

根据持票姿势的不同,手工点钞又可划分为手按式点钞法、手持式点钞法和其他点钞法等。

手按式点钞法是将钞票放在桌面上操作的一种点钞方法;手持式点钞法是在手按式点钞法的基础上发展而来的,速度比手按式快得多,是一种更为普遍使用的点钞方法。

手持式点钞法和手按式点钞法又分别可分为单指单张、单指多张、多指多张等方法。

二、手持式单指单张点钞法

手持式点钞方法根据指法不同可分为单指单张、多指多张、扇面点钞法等。不同的方法有着不同的优缺点,适应不同的工作要求和场所。

手持式单指单张点钞法是在清点纸币时左手持钞,右手拇指一次捻动一张钞票,逐张清点的方法。这种点钞方法是点钞方法中基本并常用的一种。

手持式单指单张点钞法的适用范围比较广泛,可用于收付款的初点、复点和整点各种新、旧、大、小面额的钞票。采用这种方法,由于清点时能看的面积比较大,易于识别真假票币,便于挑剔损伤券,且准确率高。但使用这种方法点一张记一个数,劳动强度较大。

【技能指导】

一、点钞的基本程序

(1)审查现金收付款凭证及其所附原始凭证的内容,看是否填写清楚、齐全,两者内容是否一致。

(2)依据现金收付款凭证的金额,先点整数(即大数),再点零数(即小数)。具体说就是先点大额票面金额,再点小额票面金额。在点数过程中,一般应边点数,边在算盘或计算器上加计金额。点数完毕,算盘或计算器上的数字和现金收付款凭证上的金额应相同。

(3)从整数至零数,逐捆、逐把、逐卷地拆捆点数,在拆捆、拆把、拆卷时应暂时保存原有的封签、封条和封纸,点数无误后才可扔掉。

(4)点数无误后,即可办理具体的现金收付业务。

二、点钞的操作流程

1. 拆把

将待清点的成把钞券拿在手中,然后将捆扎的腰条(扎把条)拆去,为清点做好准备。

2. 点数

一只手持钞,另一只手点钞,眼睛紧盯捻动的钞票,同时在心中记数,确保钞券清点准确无误。

3. 整理

将已清点无误的钞票清理整齐,将折叠的钞票抚平,将钞票上、下、左、右墩齐。

4. 扎把

将已墩齐的100张钞券用扎把条捆扎牢固。

5. 盖章

在捆扎钞票的扎把条侧面加盖清点人员的名章,以明确责任。

三、点钞的基本要求

1. 坐姿端正、拆把持钞

两脚平踏地面,上身直正,两肩要平,姿势自然,全身肌肉放松,双手配合协作,将待点的整刀钞券上的腰条拆去,做好清点的准备。

2. 清点记数、点钞准确

在点钞的过程中，思想要集中，坚持定型操作。要做到手、脑、眼三位一体，有机配合，做到记数准确。同时，在点钞过程中，要能够鉴别真假，还要注意按规定剔出残损钞券和挑出不同券别的钞券。

3. 清点结束、钞券墩齐

每把钞券点准 100 张，清点结束，应在操作台面墩齐后再进行捆扎，100 张为一把。钞券的四条边呈水平齐整，不能露头或呈梯形错开，卷角应拉平。

4. 钞券捆扎、松紧适度

钞券清点完毕后，要扎好腰条纸。腰条应扎在钞券的中间，左、右偏差不得超过 2 厘米。钞券捆扎应松紧适度，以提起第一张票券不被抽出为标准。

5. 盖章清晰、明确责任

盖章是点钞过程中的最后一个环节，在腰条上加盖点钞员名章，明确责任。图章要盖的清晰，以看清行号、姓名为准。

四、手持式单指单张点钞法

1. 持钞

坐姿端正，钞券横置，将钞券的左端中间处夹于左手的中指与无名指之间，拇指、食指和中指在钞券正面，无名指和小指在钞券背面，钞券左端尽量靠近手指根部，如图 2-84 所示。

拇指按于钞券内侧边缘将钞券向外翻推，捻成一个微开的扇面形状；食指伸直托住钞券背面，钞券自然直立，与桌面基本垂直；中指、无名指和小指向手心弯曲，如图 2-85 所示。

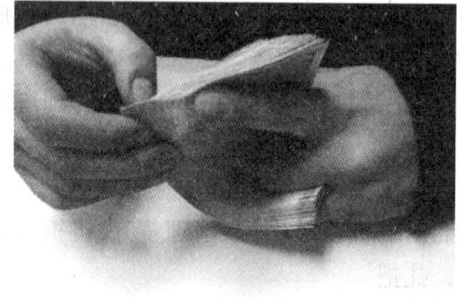

图 2-84　左手持钞　　　　　　　　图 2-85　右手托钞

2. 清点

左手持钞并形成微扇形后，右手拇指可事先沾一点甘油。捻钞时，右手食指和中指并拢托住钞券右上角，拇指指尖将钞券右上角向右下方逐张捻动，无名指配合拇指将捻动的钞券向下弹拨，拇指捻动一张，无名指弹拨一张，食指随着钞券的捻出要向前微微移动，以及时托住钞券。同时，左手拇指随着右手点钞的进度，逐步向后移动，向外推动钞券，以便右手捻钞。捻动幅度要小，手不要抬得过高，如图 2-86 至图 2-89 所示。

图 2-86 拇指指尖捻动钞券

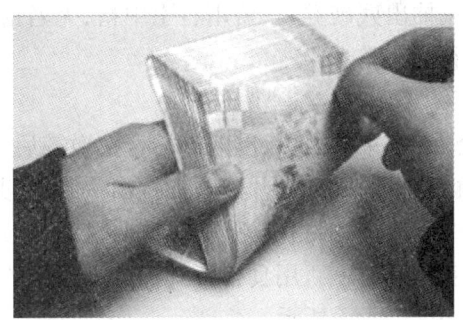

图 2-87 无名指弹拨捻出的钞券

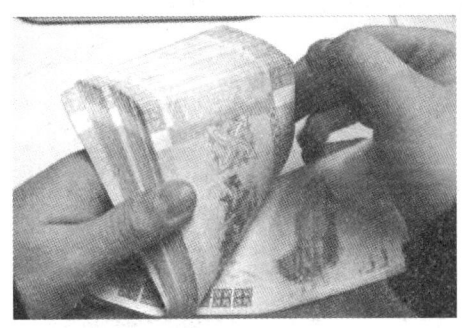

图 2-88 拇指捻动一张，无名指弹拨一张

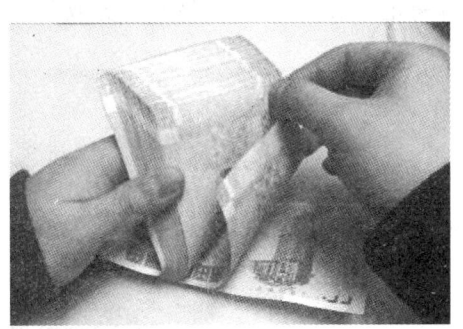

图 2-89 拇指继续捻动下一张

3. 记数

在右手捻钞的时候要用脑计数。每捻动一张计一个数，从 1 开始直至计到 100。

方法有两种：

第一种：1、2、3、4、5、6、7、8、9、1(10)；

　　　　1、2、3、4、5、6、7、8、9、2(20)；

　　　　1、2、3、4、5、6、7、8、9、3(30)；

　　　　……

　　　　1、2、3、4、5、6、7、8、9、9(90)；

　　　　1、2、3、4、5、6、7、8、9、10(100)。

第二种：(10)1、2、3、4、5、6、7、8、9、10；

　　　　(20)2、2、3、4、5、6、7、8、9、10；

　　　　(30)3、2、3、4、5、6、7、8、9、10；

　　　　……

　　　　(90)9、2、3、4、5、6、7、8、9、10；

　　　　(100)10、2、3、4、5、6、7、8、9、10。

采用这两种计数法，将十位数的两位数字变成一位数字，省时易记，每点 100 张可节约记忆 80 多个字节，心记速度和清点速度相协调，不易产生差错。

4. 挑残破券

在清点过程中，如发现残破券应按挑别标准将其挑出。为了不影响点钞速度，点钞时不要急于抽出残破券，只要用右手中指、无名指夹住残破券将其折向外边，持100张钞券点完后再补上完整券。

5. 捆扎

清点结束后，将点准的钞券合把墩齐后，左手把钞券横立，正面朝向身体，拇指在钞券正面，食指在钞券上脊中间，顺势拉出一条缝，其他各指在钞券背面。右手取腰条一端自钞券上脊中间嵌进，拇指、中指、食指配合持腰条从外向内缠绕钞券两圈半，到了钞券下端转动腰条，使之形成折角，用食指将其插入已缠绕的腰条下端，用拇指将折角压平，防止松脱，如图2-90至图2-95所示。

捆扎应牢固，以提起把中任意一张钞券不被抽出为准。

在每把钞券捆扎后，应将其整齐放置于右侧，防止凌乱，便于下一步盖章。

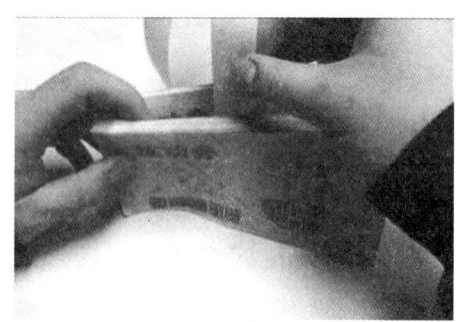

图2-90 将扎把条嵌入钞券

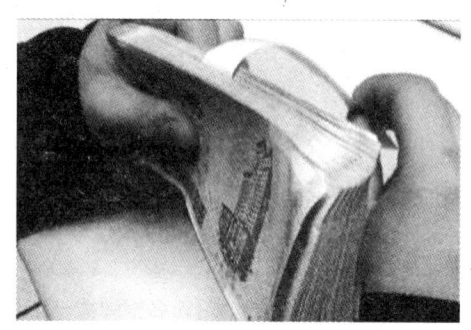

图2-91 扎把条从外向内缠绕钞券

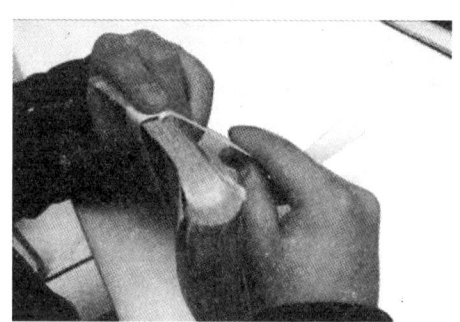

图2-92 扎把条缠绕两圈

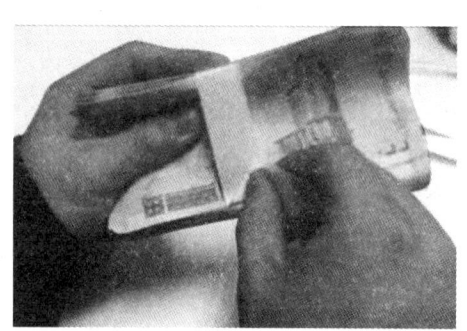

图2-93 扎把条折出一个角

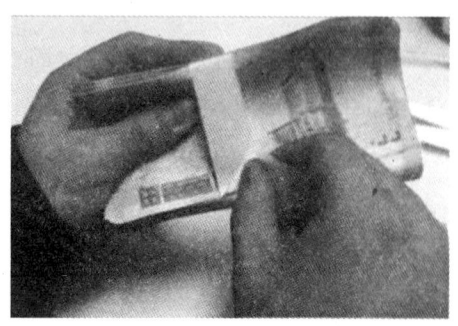

图2-94 将扎把条插入已缠绕的扎把条

图2-95 将折角压平

6. 盖章

钞券捆扎好之后,在钞券的侧面腰条上加盖点钞人员名章。图章要清晰,以明确责任。

五、手持式单指单张点钞法的注意要领

(1) 坐姿要端正,左手拇指轻压钞票侧面。

(2) 持钞票面与桌面基本垂直,如弯度过大,则会影响清点速度。

(3) 清点时应以右手拇指尖清点,尽量缩小动作幅度,因幅度过大会影响点钞速度。无名指应配合拇指进行弹拨。

(4) 记数时不要口念出声,以免点钞速度快,口念与大脑记数不协调而产生错记数。

(5) 点"准"的关键是手指清点速度与心记数的速度都应以匀速进行,并保持一致。

【实训范例】

一、范例资料

点钞用具:点钞券 100 张、扎把条、点钞缸、挡板、人名章、笔。

准备工作:将所有点钞券配成 10 把(每把分别是 96 张到 104 张不等),扎把后随机排列,并记录好每一把的张数。同桌互换位置进行清点。

实训内容:5 分钟手持式单指单张整点。

其中,无设错的整把(即张数为 100 的把次)必须经过"起把——清点——拆把——扎把——盖章"的步骤;设错的整把必须经过"起把——清点——在扎把条上记录差错张数(用 −4、−3、−2、−1、+1、+2、+3、+4 等数字记录)"的步骤。

注意,无设错的整把清点后需拆把并扎把;设错的整把不用拆把和扎把。

二、操作步骤

1. 准备清点

坐姿端正,整理桌面,将钞券竖起横立靠在挡板上,将扎把条、点钞缸和笔等放置右边,如图 2-96 所示。

左手持钞,中指与无名指将钞券加紧,无需拆把,右手做好将要捻钞的动作,待老师发出"准备……开始"指令后,右手才能碰到钞券开始清点,如图 2-97 所示。

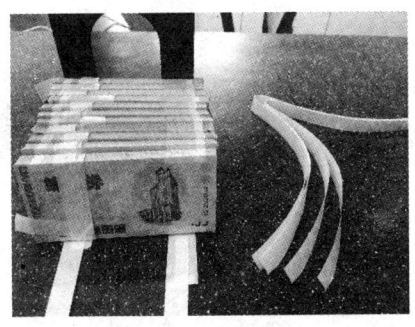
图 2-96 摆放整齐

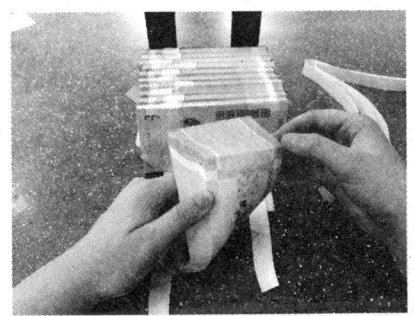
图 2-97 左手持钞,右手准备

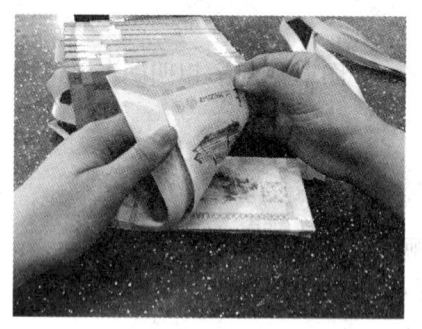

图 2-98　清点

2. 清点

右手食指和中指拖住钞券右上角,拇指指尖在钞券右上角捻钞,无名指配合拇指进行弹拨,拇指捻动一张,无名指弹拨一张,拇指指尖不要离开券面,无名指弹拨的幅度不要过大。左手拇指配合右手点钞的进度,逐步向后移动,向外推动钞券,以便右手捻钞,如图 2-98。

清点同时,采用点钞的记数方法心中默数张数,要做到思想高度集中,手脑统一。

3. 扎把(记录)

清点完成后,如果没有差错,右手拿起扎把条将墩齐后的钞券进行捆扎,在扎把即将完成的同时左手将钞券上的扎把条拆去,如图 2-99 所示。右手随即并将捆扎完的钞券整齐放置右边,同时左手立即拿起下一把钞券,准备清点。

如果本把有差错,则不要拆掉扎把条,右手随即拿起笔在扎把条上记录差错张数(用 −4,−3,−2,−1,+1,+2,+3,+4 等数字记录),将钞券整齐放置右边,紧接着左手立即拿起下一把钞券,准备清点,如图 2-100 所示。

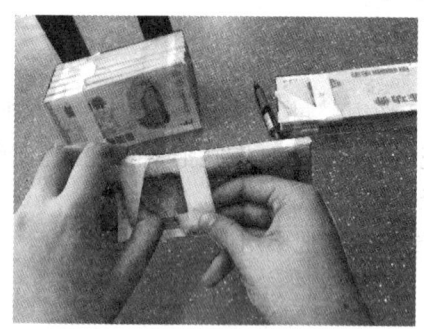

图 2-99　无差错需扎把

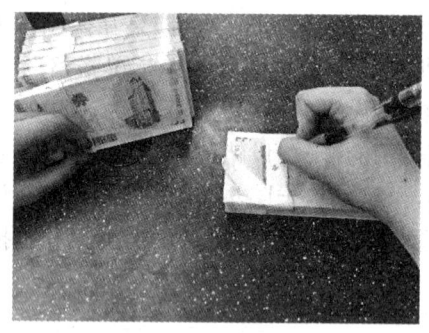

图 2-100　有差错要记录

4. 盖章

可以每清点完一把盖章一次,也可以清点完几把一起盖章。为了节约点钞时间,可选择清点完后一起盖章。

有差错的钞券不需盖章,将无差错的钞券用左手捏住竖起横立与桌上,右手依次将名章加盖在扎把条的上端,名章加盖要清晰,以看得清楚姓名为准,如图 2-101 所示。

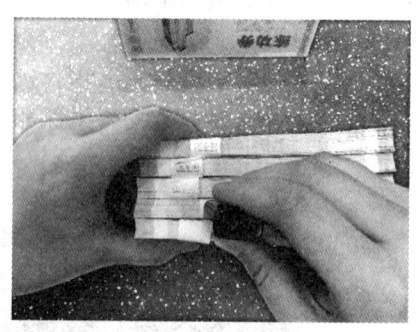

图 2-101　盖章

三、成绩记录

单指单张点钞成绩记录如表 2-3 所示。

表 2-3　　　　　　　　　　单指单张点钞成绩记录表　　　　　　　　　限时:5 分钟

单指单张清点结果	
1. 整把清点把数	
2. 最后一把已点零张张数	
成绩评定	
单指单张评分标准	成绩 (得分用＋数,扣分用－数)
1. 点对把得分:10 分×_____把	
2. 最后一把已点零张张数得分:最后一把点数×0.07	
3. 点错把扣分:10 分×_____把	
4. 没有扎把或扎把不符合要求扣分:2 分×_____把	
5. 甩把扣分:10 分×_____把	
6.抢点或超时点扣分:_____分	
7. 没有盖章扣分:1 分×_____把	
8. 最后一把已点零张张数扣分:最后一把点数×0.07	
单指单张成绩合计	
备注:	

【技能实训】

1. 清点训练

训练用品:

(1) 钞券 1 把(100 张)。

(2) 点钞缸一只。

训练方法:

手持 1 把拆把的钞券,进行清点。

训练要求:

40 秒内准确完成一把钞券的清点。

2. 扎把训练

训练用品:

(1) 钞券 1 把(100 张)。

(2) 扎把条若干。

训练方法:

左手手持 1 把拆把地钞券,右手进行扎把训练,扎完一把再拆把,紧接着再拿一根扎把条进行扎把,如此来回操作。

训练要求:

1 分钟内完成 20 把钞券的扎把。

3. 全程点钞耐力训练

训练用品:

(1) 钞券 2 把(200 张)。

(2) 点钞缸一只。

(3) 扎把条若干。

(4) 人名章。

训练方法:

拿起第一把,按照"持把——打扇面——清点——墩齐——捆扎——盖章"的步骤进行清点,紧接第二把同样的操作,如此来回操作。

训练要求:

10 分钟连续点钞,无差错,共计完成 10 把。

4. 整点差错训练

训练用品:

(1) 钞券 10 把。

(2) 点钞缸一只。

(3) 扎把条若干。

(4) 人名章。

训练方法:

将所有练功券配成 10 把(每把分别是 96 张、97 张、98 张、99 张、100 张、100 张、101 张、102 张、103 张、104 张),并扎把后随机排列,按练功券的排列顺序点钞,不得跳把,其中:无设错的整把(即点验数为 100 张的把次)必须经过"起把——清点——拆把——扎把——盖章"的步骤;设错的整把必须经过"起把——清点——在扎把条上记录差错张数(用−4,−3,−2,−1,+1,+2,+3,+4 等数字记录)"的步骤,起把时不用拆把,无设错的整把清点后需拆把并扎把;设错的整把不用拆把和扎把。同桌同学互相交换座位,复核检测清点结果。

训练要求:

5 分钟准确完成 5 把,正确得分,错误扣分。

【考核标准】

本实训考核标准如表 2-4 所示。

表 2-4　　　　　　　　　手持式单指单张点钞的考核标准

时限	正确数量	等级
5 分钟	9 把	优秀
	7 把	良好
	5 把	合格

实训三　手持式四指四张点钞

【实训目标】

通过实训,熟练掌握手持式四指四张点钞的持钞姿势和点钞技巧,能够熟练地进行点钞和捆扎,做到指法正确、动作协调、准确率高。

【知识链接】

多指多张点钞法是一种用一个以上的指头,一次捻下 2 张以上钞票的点钞方法。这种类型的点钞方法很多,手持式有双指双张、四指四张、五指五张点钞法等,这些方法各有特点。目前,手持式四指四张点钞法是纸币复点中常用的一种方法。

手持式四指四张点钞法,是用小指、无名指、中指和食指依次各点 1 张(一次点 4 张,称为"一组"),一组点 4 张钞票,循环清点,直到点完最后 1 张钞票的点钞方法。

它应用广泛,非常适合柜面收、付款业务以及整点工作的初点、复点。其优点为省力、省脑、速度快,时数可达 3 万多张。操作时主要用手关节活动,动作范围小,可减轻劳动强度。四指同时动作,一次 4 张,下张均匀,票面可视幅度较大,便于挑剔损伤券、识别真假钞。点数时不必先拆纸条,只需将捆钞条挪在票面左侧 1/4 处,这样发现问题可以保持原状,便于追查。但初学时动作难度较大,钞票不整齐,不易点准。

【技能指导】

一、手持式四指四张点钞法

1. 持钞

钞券横放于台面。左手心向下,中指和小指在前,食指、无名指在后,将钞券夹紧,如图 2-102 所示。

中指和小指自然弯曲,指背贴在钞券中间偏左的内侧,食指与无名指在钞券外侧,中指向外用力,外侧两指向内用力,使钞券两端向内弯成"U"型。拇指按在钞券的右外侧,将钞券推成小扇面,然后手腕向里转,使钞券的右上角抬起。如图 2-103 所示。

2. 清点

左手腕向外翻转,持钞于胸前,食指成直角抵住钞券外侧,拇指按在钞券上端斜扇面上。

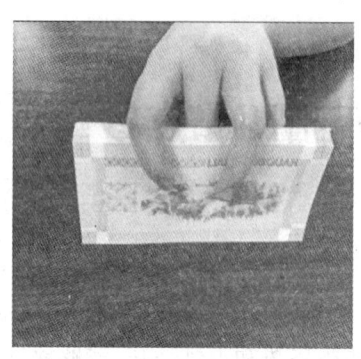

图 2-102　夹钞

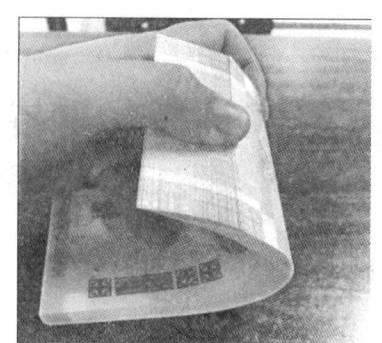

图 2-103　推扇

右手腕抬起,拇指轻轻贴在钞券右下角扇形下端,其余四指并拢自然弯曲,指尖成斜直线,如图 2-104 所示。

点钞时,小指、无名指、中指、食指指尖依次捻钞券右上角与拇指摩擦后拨票,一指清点一张,一次点四张为一组,如图 2-105 所示。具体操作如下:

(1) 小指点在钞券内侧上角端点上,轻轻用力向下捻动钞券,当第一张钞券向下挫出大约一指宽的券边时,将右手无名指迅速点在钞券内侧上角端点上,并轻轻用力向下捻动钞券,小指继续沿原方向向下带钞券,中指和食指动作同无名指,顺次捻钞。

(2) 当右手小指、无名指、中指和食指各点捻到一张钞券时,四个手指同时用力向手心方向继续做捻券动作,当食指下的钞券捻出两指宽距离时,轻抬手腕以使这四张钞券自然下垂,与未点钞券明显分开,开始第二个点捻钞券周期,如此反复点捻钞券至点完为止。

(3) 同时,左手拇指、中指随着右手清点逐渐向上移动,配合右手动作,食指稍加力向前推动,以保证清点时下钞通畅。

图 2-104　四指并拢自然弯曲

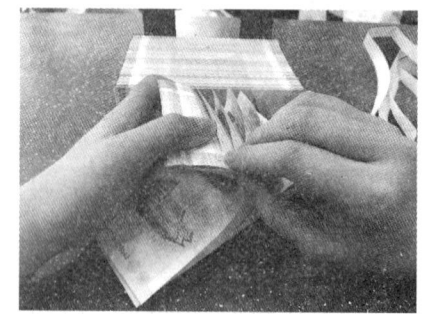

图 2-105　各手指与拇指摩擦捻钞

3. 记数

采用分组记数法,每次捻动一组(4 张)时记数为 1,数到 25 组为 100 张。

4. 挑残破券

点数过程中若发现混杂有损伤券,就将这一组拨下,并牢记已点的数字,以左手保持钞券现状,用右手将损伤券向内向下折叠,使折叠面露出一端,再继续拨张动作,待一把钞券点完后,抽出损伤券,随即补足与抽出数等量的完整券。

5. 扎把盖章

同手持式单指单张点钞法。

二、手持式四指四张点钞法的注意要领

(1)左手持钞券要有足够弯度,上端成斜扇面形状,左手与身体基本平行,右手拇指位置保持不变。

(2)右手指拨票时,充分发挥关节作用,以指尖捻动钞券右上角,四指并拢,尽量缩小运动幅度。

(3)点准的关键是清点时目光应集中在钞券左上角,手点、眼看和心记密切配合。

【实训范例】

一、范例资料

点钞用具:点钞券 200 张、扎把条、点钞缸、挡板、人名章。

准备工作:将所有点钞券拆把并靠在挡板上整齐竖起摆放。

实训内容:5 分钟手持式多指多张散点,按照"抓把——清点——扎把——盖章"的步骤进行。

二、操作步骤

1. 准备清点

坐姿端正,整理桌面,将钞券竖起横立靠在挡板上,将扎把条、点钞缸等放置右边,如图 2-106 所示。

左手做好抓钞准备,待老师发出"准备……开始"指令后,左手才能抓起钞券开始清点,如图 2-107 所示。

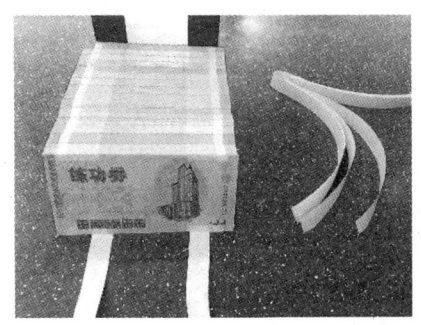

图 2-106　摆放整齐

图 2-107　左手准备抓钞

2. 清点

左手快速抓起钞券一把(大于 100 张的厚度),迅速完成"U 型",右手四指放在钞券

图2-108 反复捻钞

右下角,与拇指摩擦开始捻钞。一指一张,下钞通畅。左手拇指配合右手点钞的进度逐步向后移动,食指向前推动,以便右手捻钞,如图2-108所示。

清点同时,采用点钞的记数方法心中默数张数,要做到思想高度集中,手脑统一。

3. 扎把盖章

点到100张后,右手拿钞券,左手迅速将多余的钞券放到左边,如图2-109所示。随即左手拿钞券并墩齐,同时右手拿起扎把条进行捆扎,如图2-110所示。捆扎完,右手将钞券放置于右边,同时左手立即拿起下一把钞券,准备清点,如图2-111所示。

4. 盖章

全部清点并扎把完毕后,将钞券用左手捏住竖起横立于桌上,右手依次将名章加盖在扎把条的上端,名章加盖要清晰,以看得清楚姓名为准,如图2-112所示。

图2-109 扔下剩余的钞券

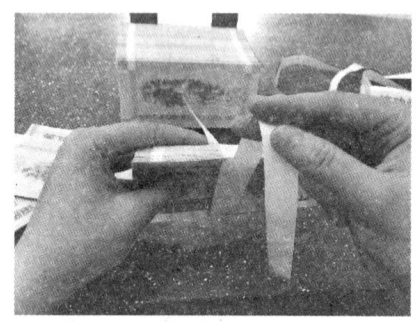

图2-110 扎把

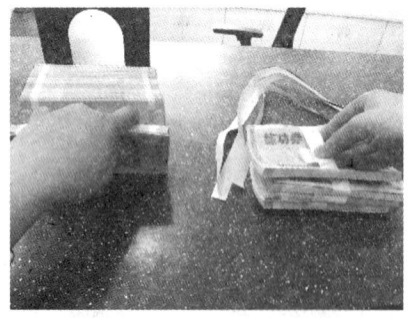

图2-111 左手同时拿起下一把

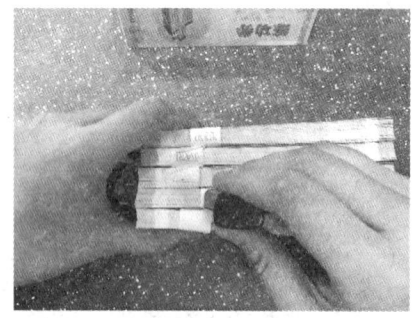

图2-112 盖章

三、成绩记录

多指多张点钞成绩记录如表2-5所示。

表 2-5　　　　　　　　　　　　　多指多张点钞成绩记录表

限时:5分钟

多指多张清点结果	
1. 整把清点把数	
2. 最后一把已点零张张数	
成绩评定	
多指多张评分标准	成绩 (得分用＋数,扣分用－数)
1. 点对把得分:10 分×_____把	
2. 最后一把已点零张张数得分:最后一把点数×0.07	
3. 点错把扣分:10 分×_____把	
4. 没有扎把或扎把不符合要求扣分:2 分×_____把	
5. 甩把扣分:10 分×_____把	
6. 抢点或超时点扣分:_____分	
7. 没有盖章扣分:1 分×_____把	
8. 最后一把已点零张张数扣分:最后一把点数×0.07	
单指单张成绩合计	
备注:	

【技能实训】

1. 清点训练

训练用品:

(1) 钞券 1 把(100 张)。

(2) 点钞缸一只。

训练方法:

手持 1 把拆把的钞券,进行清点。

训练要求:

40 秒内准确完成一把钞券的清点。

2. 抓把和扎把训练

训练用品:

(1) 钞券 200 张。

(2) 扎把条若干。

(3) 挡板。

训练方法:

将所有钞券拆把并靠在挡板上整齐竖向摆放,左手抓出 100 张,随即右手进行扎把训练,紧接着再进行左手抓把,右手扎把的训练,如此来回操作。感受左手抓 100 张的厚度,能准确抓出 100 张左右的钞券。

训练要求:

1 分钟内完成 15 把钞券的扎把。

3. 全程点钞耐力训练

训练用品:

(1) 钞券 10 把。

(2) 点钞缸一只。

(3) 扎把条若干。

(4) 人名章。

训练方法:

拿起第一把,按照"持把——清点——墩齐——捆扎——盖章"的步骤进行清点,紧接第二把同样的操作,如此来回操作。

训练要求:

10 分钟连续点钞,无差错,共计完成 14 把。

4. 散点训练

训练用品:

(1) 钞券 500 张。

(2) 点钞缸一只。

(3) 扎把条若干。

(4) 挡板。

(5) 人名章。

训练方法:

将所有钞券拆把并靠在挡板上整齐竖向摆放,按照"抓把——清点——捆扎——盖章"的步骤进行点钞,紧接第二把同样的操作,以此类推。每个动作要连贯到位。

训练要求:

5 分钟准确完成 7 把,正确得分,错误扣分。

【考核标准】

本实训考核标准如表 2-6 所示。

表 2-6 　　　　　　　　　　手持式四指四张点钞的考核标准

时限	正确数量	等级
5 分钟	11 把	优秀
	9 把	良好
	7 把	合格

实训四　手按式单指单张点钞

【实训目标】

通过实训,了解手按式单指单张点钞的特点,掌握该方法的基本操作。

【知识链接】

手按式点钞法是以桌面为依托的点钞方法,是最传统的点钞方法。点钞时,两肘或手伏在桌上,一只手将钞券按在桌上,另一只手进行点数。按捻钞手指的多少,手按式点钞法可分为单指单张点钞法、双指双张点钞法、三指三张点钞法和四指四张点钞法等。

手按式单指单张点钞法较适用于收付款工作的初点和复点,以及整点各种新、旧、大、小钞券,尤其适用于不足 100 张零票的整点。因此,在整点辅币及残破券多的钞券时常用此法。

这种方法简单易学,准确率高,清点时看到的票面较大,便于挑剔损伤券和识别假币。但由于要将捻钞的手肘向上抬起,所以容易疲劳,导致点钞速度降低。与手持式单指单张点钞法相比,速度较慢,劳动强度也较大。

【技能指导】

一、手按式单指单张点钞法

1. 按钞

将钞券正面朝上横放在桌面上,左手小指和无名指微弯按住钞券左边票面 1/4 处,如图 2-113。拇指、食指和中指微屈做好点钞准备。

2. 清点

右手掌心向下,大拇指轻轻托起右下角的部分钞券,用右手食指捻动钞券,其余手指自然弯曲,右手食指每捻起一张钞券,左手大拇指便将钞券推送到左手食指与中指间夹住,如图 2-114 所示,依次连续操作,如图 2-115所示。

3. 记数

同手持式单指单张点钞法。

4. 扎把盖章

同手持式单指单张点钞法。

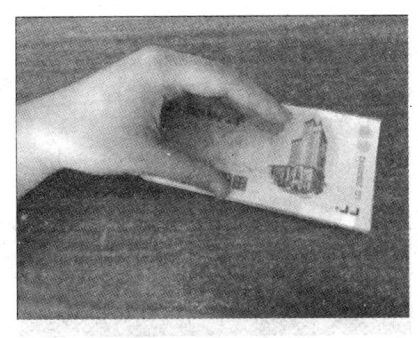

图 2-113　按钞

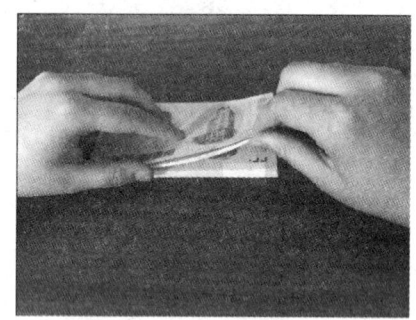

图 2-114　清点

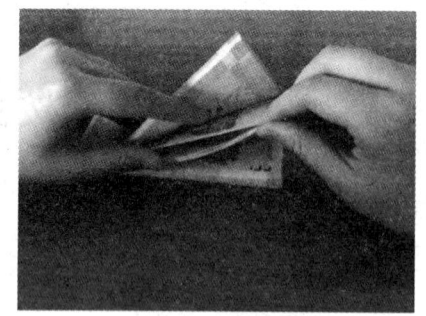

图 2-115　反复清点

二、手按式单指单张点钞法的注意要领

（1）左手按钞以指尖或第一关节按压钞券左上角。

（2）左手食指隔钞时，伸开压钞动作幅度大，应弯曲压钞，熟练后可清点几组后隔钞。

（3）右手拇指托起的钞券不要太多，也不应太少，一般一次以 20 张左右为宜。太多会使食指捻动困难，太少会增加拇指活动次数，影响清点速度。

（4）点"准"的关键是清点速度与记数速度保持一致的匀速运动。

【实训范例】

一、范例资料

点钞用具：点钞券 100 张、扎把条、点钞缸、挡板、人名章、笔。

准备工作：将所有点钞券配成 10 把（每把分别是 96 张到 104 张不等），扎把后随机排列，并记录好每一把的张数。同桌互换位置进行清点。

实训内容：手按式单指单张整点。

其中，无设错的整把（即张数为 100 的把次）必须经过"起把——清点——拆把——扎把——盖章"的步骤；设错的整把必须经过"起把——清点——在扎把条上记录差错张数（用 −4，−3，−2，−1，+1，+2，+3，+4 等数字记录）"的步骤。

应该注意的是，无设错的整把清点后需拆把并扎把；设错的整把不用拆把和扎把。

图 2-116　摆放整齐

二、操作步骤

1. 准备清点

坐姿端正，整理桌面，将钞券横置堆在桌上，将扎把条、点钞缸和笔等放置右边，如图 2-116 所示。

左手按钞，右手做好将要捻钞的动作，待老师发出"准备……开始"指令后，右手才能碰到钞券开始清点。

2. 清点

右手掌心向下，大拇指轻轻托起右下角的部分钞券,用右手食指捻动钞券,其余手指自然弯曲,右手食指每捻起一张钞券,左手大拇指便将钞券推送到左手食指与中指间夹住,依次连续操作,如图2-117所示。

清点同时,采用点钞的记数方法心中默数张数,要做到思想高度集中,手脑统一。

3. 扎把(记录)

清点完成后,如果没有差错,右手拿起扎把条将墩齐后的钞券进行捆扎,在扎把即将完成的同时左手将钞券上的扎把条拆去。右手随即将捆扎完的钞券整齐放置右边,同时左手立即准备下一把钞券,准备清点。

图2-117 清点

如果本把有差错,则不要拆掉扎把条,右手随即拿起笔在扎把条上记录差错张数(用 -4、-3、-2、-1、$+1$、$+2$、$+3$、$+4$ 等数字记录),将钞券整齐放置右边,紧接着左手立即准备下一把钞券,准备清点。

4. 盖章

有差错的钞券不需盖章,将无差错的钞券用左手捏住竖起横立于桌上,右手依次将名章加盖在扎把条的上端,名章加盖要清晰,以看得清楚姓名为准。

【技能实训】

1. 清点训练

训练用品:

(1) 钞券1把(100张)。

(2) 点钞缸一只。

训练方法:

手按1把拆把的钞券,进行清点。

2. 整点差错训练

训练用品:

(1) 钞券10把。

(2) 点钞缸一只。

(3) 扎把条若干。

(4) 人名章。

训练方法:

将所有练功券配成10把(每把分别是96张、97张、98张、99张、100张、100张、101张、102张、103张、104张),并扎把后随机排列,按练功券的排列顺序点钞,不得跳把,其中:无设错的整把(即点验数为100张的把次)必须经过"起把——清点——拆把——扎把——盖章"的步骤;设错的整把必须经过"起把——清点——在扎把条上记录差错张数(用 -4、-3、-2、-1、$+1$、$+2$、$+3$、$+4$ 等数字记录)"的步骤,起把时不用拆把,无设错的整把清点后需拆把并扎把;设错的整把不用拆把和扎把。同桌同学互相交换座位,复核检测清点结果。

训练要求：

8分钟准确完成8把，正确得分，错误扣分。

【考核标准】

本实训考核标准如表2-7所示。

表2-7   手按式单指单张点钞的考核标准

时限	正确数量	等级
8分钟	10把	优秀
	9把	良好
	8把	合格

实训五　手按式双指双张点钞

【实训目标】

通过实训，了解手按式双指双张点钞的特点，掌握该方法的基本操作。

【知识链接】

手按式双指双张点钞法适用于收付款和整点各种新旧主币、辅币。它的速度比手按式单指单张点钞法快一点。但不便于挑剔残破券和识别假币，劳动强度也较大。

【技能指导】

一、手按式双指双张点钞法

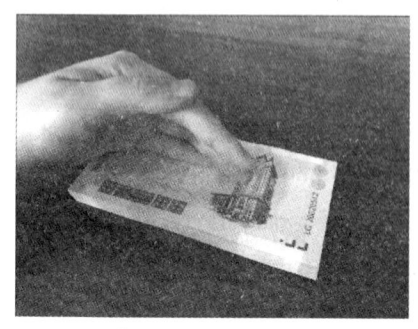

图2-118　按钞

1．按钞

将钞券横放在桌上，正面朝上，钞券靠近桌边，并使钞券右下角向身边倾斜。用左手小指和无名指按住钞券的左方1/4处，右手的小指和无名指压住钞券的右方1/4处，然后用右手的拇指托起钞券右下角小部分钞券，如图2-118所示。

2．清点

先用右手的中指与拇指摩擦向上捻起第一张，紧接着用右手的食指与拇指摩擦捻起第二张,同时用左手拇指将捻起的这两张钞券向上推送到左手食指与中指之间夹住,然后进行下一个循环,直到点完,如图2-119和图2-120所示。

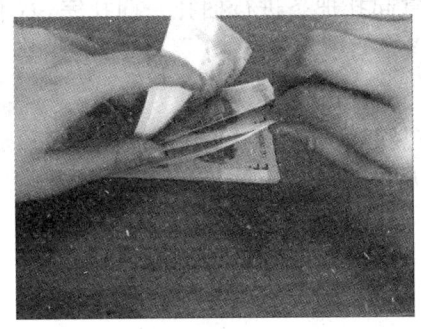
图2-119　两指两张捻钞

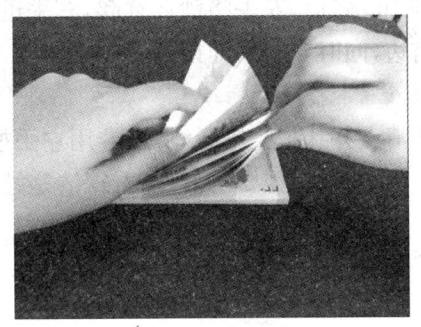
图2-120　两指两张清点

3. 记数

采用分组记数法,每两张为一组,数到50组为100张。

4. 扎把盖章

同手持式单指单张点钞法。

二、手按式双指双张点钞法的注意要领

点钞时要将右肘抬起,手腕稍向里弯曲,捻起的钞券要通过与拇指的摩擦,避免同时捻起2张。

【实训范例】

一、范例资料

点钞用具:点钞券200张、扎把条、点钞缸、挡板、人名章。

准备工作:将所有点钞券拆把并整齐堆放在桌面上。

实训内容:手按式多指多张散点,按照"起把——清点——扎把——盖章"的步骤。

二、操作步骤

1. 准备清点

坐姿端正,整理桌面,将钞券拆把并横置整齐堆放在桌面上,将扎把条、点钞缸等放置于右边。

左手按钞,右手做好将要捻钞的动作,待老师发出"准备……开始"指令后,右手才能碰到钞券开始清点。

2. 清点

右手掌心向下,大拇指轻轻托起右下角的部分钞券,用右手食指捻动钞券,其余手指自然弯曲,右手食指每捻起一张钞券,左手大拇指便将钞券推送到左手食指与中指间夹住,依次连续操作。

清点的同时,采用点钞的记数方法心中默数张数,要做到思想高度集中,手、脑统一。

3. 扎把盖章

点到 100 张后,左手将钞券拿起,右手迅速拿起扎把条进行捆扎。捆扎完,右手将钞券放置于右边,同时左手立即按到下一把钞券,准备清点。

4. 盖章

全部清点并扎把完毕后,将钞券用左手捏住竖起横立与桌上,右手依次将名章加盖在扎把条的上端,名章加盖要清晰,以看得清楚姓名为准。

【技能实训】

1. 清点训练

训练用品:

(1) 钞券 1 把(100 张)。

(2) 点钞缸一只。

训练方法:

手按 1 把拆把的钞券,进行清点。

2. 散点训练

训练用品:

(1) 钞券 500 张。

(2) 点钞缸一只。

(3) 扎把条若干。

(4) 人名章。

训练方法:

将所有钞券拆把并整齐摆放,先从中清点出 100 张,再从剩余的钞券中清点出 100 张⋯⋯以此类推。每次操作必须包括"按把——清点——扎把——盖章"等动作。每个动作要连贯到位,反复练习直到熟练为止。

训练要求:

8 分钟准确完成 10 把,正确得分,错误扣分。

【考核标准】

本实训考核标准如表 2-8 所示。

表 2-8 手按式双指双张点钞的考核标准

时限	正确数量	等级
8 分钟	12 把	优秀
	11 把	良好
	10 把	合格

实训六　机　器　点　钞

【实训目标】

通过实训,熟悉点钞机的基本功能,掌握机器点钞的操作程序,能独立使用和操作点钞机进行点钞,会排除点钞机常见故障,懂得点钞机的基本保养方法。

【知识链接】

一、机器点钞法

机器点钞就是用点钞机代替手工点钞的点数工序的点钞方式。一般每小时点数可达 5 万~7 万张,比手工点钞快 2~3 倍。使用点钞机点钞,既能提高工作效率,又减轻了点钞员的劳动强度,而且在点钞的同时还能够检验钞券的真假。因此,点钞员都应掌握此方法。机器点钞适用于复点比较新的、大面额的批量款项,而残币和辅币还要靠手工清点。目前,各单位和部门使用的点钞机型号很多,功能也不相同,但其原理大同小异,主要功能都是点钞和防伪,操作方法也基本相同。使用点钞机前,应仔细阅读使用说明书,以便更好地掌握点钞机的性能,充分发挥点钞机的作用。

点钞机分为卧式点钞机和立式点钞机两种。常见的卧式点钞机如图 2-121 所示。

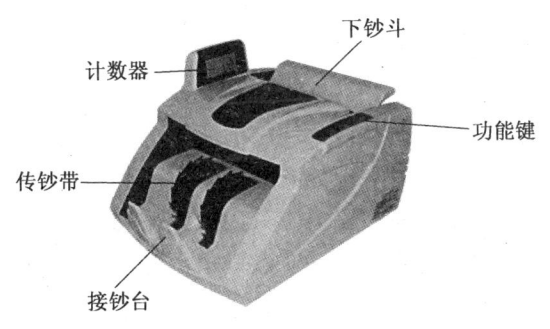

标注：下钞斗、计数器、功能键、传钞带、接钞台

图 2-121　点钞机的结构

卧式点钞机以每秒 15 张以上的速度对钞券进行清点、辨伪,通常还具有自动开停机、预置数、防双张、防粘张和防夹心等辅助功能。点钞机的工作原理是钞券通过下钞斗和捻钞轮,经计数部分的光电管,由计数器将光电信息转化成数字,从液晶显示器中显示出来,钞券通过传送带送到接钞盒。现在使用的点钞机一般都具备防伪功能,通过光鉴、磁鉴、安全线解码、数码、光谱等技术,可以在清点的过程中做到对新旧版人民币纸币的磁性、安全线、荧

光、幅面等同时进行鉴别。

立式点钞机又被称为复点机。与一般的点钞机相比，它主要有两个特点：一是清点速度非常快，可以达到每秒 25 张；二是在清点的过程中不需要取下腰条，大大减少了整理、捆扎的工作。工作原理是利用气泵吸嘴的装置将钞券一张张地吸附起来，然后放开，通过光点器件进行计数。现在的立式点钞机可以实现复点（检查所计数的票据是否为百张）、计数（无论是否为百张，清点结束后，显示器都显示所点纸币张数）、预置（机器可按预先设置的数目点钞，当点算钞券达到被预置的数量时，机器将自动停止，并显示当前所点值）、累加（累加分别与复点、计数、预置组合构成三种累加方式，使客户方便得出多次点钞总数）等功能，并具备了一定的防伪技术。

二、点钞机的常用功能

1. 捻钞

由下钞斗和捻钞轮组成，其功能是将钞券均匀地捻下送入传钞带。捻钞是否均匀，计数是否准确，其关键在于下钞斗下端一组螺丝的松紧程度。

2. 计数

由光电管、灯泡、计数器和数码管组成，捻钞轮捻出的每张钞券通过光电管和灯泡后，由计数器记忆并将光电信号转换到数码管上显示出来。数码管显示的数字，即为捻钞张数。

3. 传送整钞

由传钞带和接钞台组成。传钞带能传送钞券并拉开钞券之间的距离，加大票币审视面，以便及时发现残破券和假币。接钞台是将落下的钞券堆放整齐，为扎把做好准备。

【技能指导】

一、点钞机的使用方法

1. 点钞的准备

点钞机一般放在操作人员的正前方，在使用前应对点钞机进行调试，使点钞机运行时能做到转速均匀，点数准确，下钞流畅，落钞整齐。

点钞时，要清点的钞券及操作用的有关用具应根据平时的操作习惯摆放就位。未清点的钞券放在点钞机右侧，经复点后的钞券放在点钞机的左侧。各种不同券种的钞券应按一定方向排列，扎把的封条应放在点钞机的前方。

2. 开启电源开关

接通电源后将电源开关置于"ON"位置，此时机器进入自检功能，显示窗口均显示一行笔画，如有异常，则显示相应的错误信息。

3. 进行功能操作设置

每按动功能键一次，机器将会替换智能（检伪）、记数、累加三种点钞方式：

（1）智能状态：全面检测票面，包括荧光、磁性、光谱、夹张、连张、裂缝等如为检伪状态，则检测荧光、磁性、光谱等。

（2）记数状态：检测夹张、连张、裂缝等。

（3）累加状态：不检测，只作累加清点，一般点钞机的最大点钞范围为9,999张。

4．点钞方式

（1）全数清点方式。按预置按键，使预置显示窗无任何显示，机器即选择了全数清点方式。

① 把钞券放于滑钞板上，按键使预置显示窗无任何显示，机器即选择了全数清点方式。机器会自动启动、运行，直至滑钞板上钞券走完，清点数目显示在记数显示窗上。

② 如果要继续清点，取走接钞板上的钞券并把下一叠钞券放在滑钞板上，记数显示窗即会恢复到"0"，机器重新启动点钞。

③ 如果不取走接钞板上的钞券，而在滑钞板上加点钞券，机器会自行启动且将新点的张数累加在原记数值之上。

（2）定量清点方式。

① 通过按加或减数键，可在1～999范围内选取预定数。选预定数时，机器会自动选择定量清点方式。

② 每一次预置按键，预置显示窗都将会依次显示为"10""20""25""50""100""空白"等字样，再按一次加数或减数键，预置显示窗则会加或减"1"，如果持续按住加数或减数按键，预置显示窗便每隔1/4 s会自行加或减"1"。

③ 把钞券放于滑钞板上，机器便会自动启动点钞，当点钞计数到预定数时，机器会自动停止（即定量清点）。

④ 如果要重复定量清点，只要拿走接钞板上已清点过的钞券，机器会自动重复上述过程。

⑤ 如果未达到预定数时，应重新往滑钞板上放入钞券，机器会自行启动，连续记数并在达到预定数时停止（即重复定量清点）。

⑥ 每次更改预定数时，即终止当前的定量清点，应取走接钞板上的钞券，设置新的预定数。

⑦ 当预置点钞时，记数窗上的显示数会自选累加，并且预置显示数会相应减"1"，到"0"后会自选回到原先的预置数（具体可参考使用说明书）。

二、机器点钞的注意事项

机器点钞时两手动作要协调，拆把、下钞、拿钞、扎把等动作要紧凑、连贯。当右手将第一把钞券放入下钞斗后，应马上拆开第二把，准备下钞，眼睛注意观察传钞带上的钞券，当传钞带上最后一张钞券落到接钞台后，左手迅速将钞券拿出，同时右手将第二把钞券放入下钞斗，然后对第一把钞券进行扎把，扎把时眼睛仍应注意观察传钞带上的钞券，当左手将扎把完毕的第一把钞券放在点钞机左侧的同时，右手从点钞机右侧拿起第三把钞券，左手顺势抹掉第三把钞券的捆钞条，迅速从接钞台上取出第二把钞券进行扎把。在连续操作过程中，还要注意以下问题：

（1）原把捆钞条要顺序更换，不得将前把与后把捆钞条混淆，以分清责任。

（2）钞券进入接钞台后，左手取钞必须取净，然后右手再放入另一把钞券，以防止串把现象。

（3）如发现钞券把内有其他票券、残损券或假币时，应随时挑出并补上完整券后才能扎把。

三、机器点钞的常见差错

1. 接钞台留张

左手到接钞台取钞时，有时会漏拿一张，造成上下把不符。

防止出现这种情况的方法是取尽接钞台内的钞券，或采取不同的票面交叉进行清点。

2. 机器"吃钞"

引起机器"吃钞"的主要原因是：钞券较旧，很容易卷到输钞轴上或带进机器肚内出钞歪斜，容易引起输钞紊乱、挤扎或飞张，或被捻钞轮带进机器肚内。

防止出现这种情况的方法是调整面板和调节螺丝，使下钞流畅、整齐输钞紊乱、挤扎时要重新清点一遍并注意检查机器底部和前后输钞轴是否有钞券夹住。

3. 多计数

造成多计数的原因主要有：机器在清点辅币、旧币时容易发生飞张造成多计数；钞券开裂或一把钞券内残留纸条、杂物等，也会造成多计数。

防止出现这种情况的方法是将钞券调头后再清点一遍，或将机器内杂物、纸条取出后再次清点。

四、点钞机常见故障的检查方法

1. 开机后无显示

检查该故障的方法包括：

（1）检查电源的插座是否有电。

（2）检查点钞机的插头是否插好。

（3）检查点钞机的保险丝是否已熔断。

2. 开机后出现故障提示代码

一般点钞机具有故障自检功能，开机后就能自检判断是否有故障。不同的点钞机，故障代码也不一样，具体应参考其使用说明书。

3. 计数不准

检查该故障的方法包括：

（1）调节托钞盘后部的垂直螺丝，顺时针拧一圈或两圈。

（2）清理光电计数传感器上的积尘。

（3）除尘后还不能恢复正常的，检查阻力橡皮和捻钞轮是否严重磨损，有磨损的应更换完毕后再进行调整。

（4）调节送钞台光电计数器传感器的对正位置。

4. 荧光鉴伪不报警或检伪灵敏度降低

检查该故障的方法包括：

（1）调节电路板灵敏度按键或灵敏度调节电位器。

（2）检查荧光灯管的光传感是否积有灰尘。

（3）检查荧光灯管是否老化。

5. 启停方式失灵

检查该故障的方法包括：

（1）检查送钞传感器是否积有灰尘。

（2）检查送钞传感器电源线和主电路板连接是否断开，如断开接好即可。

（3）检查点钞机皮带是否折断。

【实训范例】

一、范例资料

点钞用具：点钞机、点钞券、扎把条、印泥、印章。

实训内容：

首先规范摆放机器点钞的相关用品，开机检查，调试机器。然后整理钞券，上机清点。在操作中若出现问题，需进行故障排除。

二、操作步骤

1. 持钞

用右手从点钞机右侧拿起钞券，右手拇指在钞券里侧，其余四指在钞券外侧，捏住钞券右上角。

2. 拆把

左手将捆钞条撕下，撕下的捆钞条先放在桌子左侧不要丢掉，以便查错用。同时，顺势将钞券捻成前低后高的坡形，便于分张和流畅下钞。

3. 清点

将钞券轻轻放入下钞斗内，不要用力过大，造成塞钞，使其自然下滑，通过捻钞轮进入机器内操作员目光迅速转向传钞带，注意检查是否夹有其他票券、残损券、假钞等，如发现立即剔出，同时要观察数码显示情况。

4. 记数

当下钞斗和传钞带上的钞券下张完毕时，要查看数码显示是否为"100"。如反映的数字不是"100"，必须重新复点。在复点前应先将数码显示置"00"状态并保管好原把捆钞条。如经复点仍是原数，又无其他不正常因素时，说明该把钞券张数有误，应将钞券连同原捆钞条一起用新的捆钞条扎好，并在新的捆钞条上写上差错张数，另作处理。

5. 扎把

若一把点完，计数为百张，即可扎把。扎把时，左手拇指在钞券上面，手掌向上，将钞券从接钞台里拿出，把钞券墩齐后进行扎把。

6. 盖章

复点完全部钞券后，操作员要逐把盖好名章。盖章时要做到先轻后重，整齐、清晰。

【技能实训】

训练用品：

（1）点钞机。

（2）钞券 10 把。

（3）扎把条若干。

（4）人名章。

训练方法：

将相关用品规范摆放，按照机器点钞的操作步骤，整点 10 把钞券。在操作过程中出现问题需先进行分析判断，再动手排除。

项目三
珠算操作

算盘作为一种计算工具,在我国有着悠久的历史,是一种简单、方便、无需能源的计算工具。虽然如今计算机已经广泛应用在各行各业中,帮助各项工作更有效率地进行,但在某些工作中,用算盘进行加减法运算的效率仍优于计算机或电子计算器。同时,珠算运算是眼、脑、手三者并动的一种综合运动,对启发人的智力、促进思维发展具有特殊的意义,也推动着人类的文明与进步。

知识目标

1. 了解算盘的种类和结构
2. 理解算盘的计算方法

技能目标

1. 正确掌握打算盘的姿势
2. 熟练掌握珠算拨珠指法
3. 熟练掌握珠算的加减运算
4. 掌握珠算的乘除运算

实训一　珠　算　基　础

【实训目标】

通过实训,认识算盘,熟悉算盘的结构,掌握算盘的记数,能够熟练、规范地进行算盘的拨珠指法,通过认真练习,加强基本技能,为学习珠算的加减法运算打好基础。

【知识链接】

一、认识算盘

算盘是珠算的独特计算工具,随着经济的发展和科学技术的进步,算盘也在不断地改进和革新,从而使得算盘的结构简单、运算简捷、携带方便的优点更好地体现出来。

目前,我国常用的算盘有三种:圆珠大算盘、碟珠中算盘和菱珠小算盘。

(1)圆珠大算盘是我国的传统算盘,有2颗上珠,5颗下珠,算珠为圆形,体积较大,珠距较长,手指拨动算珠的幅度大,使用时响声大。圆珠大算盘如图3-1所示。

图 3-1　圆珠大算盘

(2)碟珠中算盘比圆珠大算盘小,比菱珠小算盘大。算珠的形状是菱形的,早期生产的上面1颗珠,下面5颗珠;近期生产的上面1颗珠,下面4颗珠。在梁上面有记位点,算盘的左上方有清盘器。碟珠中算盘如图3-2所示。

图 3-2　碟珠中算盘

（3）菱珠小算盘是在圆珠大算盘的基础上改进而来的，有 1 颗上珠，4 颗下珠，与圆珠大算盘相比缩短了档距，减少了算珠，增加了档位，并装有清盘器及垫脚。它克服了圆珠大算盘体积大、使用时响声大的缺点，是我国目前使用最广泛的一种算盘。菱珠小算盘如图 3-3 所示。

图 3-3　菱珠小算盘

二、算盘的结构

算盘的结构呈长方形，由框、梁、档、珠四个部分组成，梁上有分节号，如图 3-4 所示。

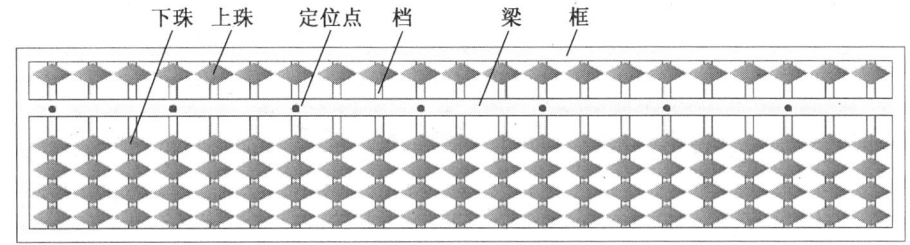

图 3-4　菱珠小算盘

1. 框
算盘四周的木框叫做"框"或"边"。

2. 梁
算盘中间的横木条叫做"梁"，将算盘分为上、下两部分，使上珠和下珠表示不同的数值。

3. 档
贯穿横梁的竹竿叫做"档"，除了用来串珠子之外，还有一个作用是用来表示数位。

4. 珠
穿在档上的珠子叫做"珠"，用来表示数值。梁上面的珠叫做上珠，代表"5"，梁下面的珠叫做下珠，每颗珠代表"1"。

5. 分节号
横梁上每三档有一黑点，叫做"分节号"。

多位数的记数，为了便于一眼认出数值的大小，可把整数以上的数码从个位向左三位分作一节。

三、算盘的记数

算盘的记数是以算珠表示数，以档表示数位，每一档代表一个数位。记数时，高位在左，低位在右。

算盘是以"靠梁的算珠"来计数的。上珠 1 颗代表"5";下珠 1 颗代表"1"。当全盘珠子靠外,即离梁为空盘,记数为 0。

在记数前先要清盘,即把盘上的上珠和下珠都拨到靠边的地方,表示算盘上没有数字。

算盘上没有小数点符号,先要确定某个定位点作为个位,即＋1 档,向左依次为＋2 档、＋3 档……向右依次为 0 档、－1 档、－2 档……个位后面的数为小数,个位前面的数为整数,个位左边的定位点可以作为分节号。

在运算时,确定好个位档固定不变,然后从数字的最高位档开始从左到右依次将数字拨入算盘。如拨入"980,631.52",确定好个位档后,找到最高位十万位档(＋6 档),拨入"9",然后往右一档,在万位档(＋5 档)拨入"8",就这样从左往右依次拨入数值,如图 3-5 所示。

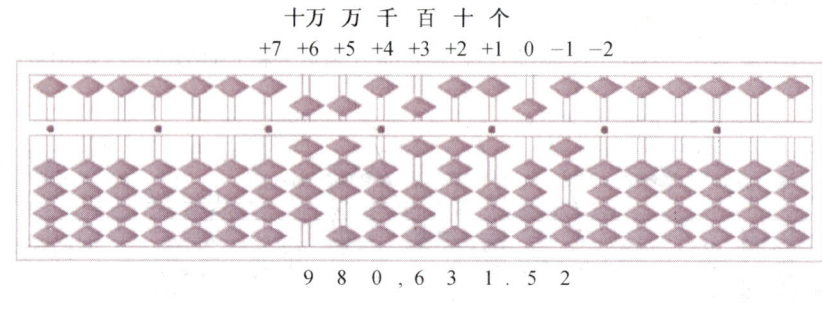

图 3-5　菱珠小算盘

【技能指导】

一、打算盘的姿势

打算盘时,须将身体坐正,上身略前倾,头稍低,但不宜太低,以免损伤眼睛或使颈部酸累。算盘放在桌面的中央靠胸前正中,算盘底框可距桌边约 10 厘米。

用左手指数、握盘及清盘,或翻阅计算资料,右手拨珠运算和抄写答案。两肩平齐,右肩不宜抬高,胳膊肘稍离桌面,右手手腕略向上抬起,使手指垂直于算盘盘面,用指尖拨动算珠。

开始计算时,先选好定位点,然后清盘,准备运算。

运算时,右手应握笔拨珠,这样可以省去拿笔放笔时间,有利于提高计算效率。常用的握笔方法有两种,一种是夹握,另一种是全握。

1. 夹握

把笔尖一端夹在无名指与小指之间,用无名指勾住笔杆,笔尖在外,笔杆上端伸出虎口,如图 3-6 所示。

2. 全握

把笔尖一端由无名指和小指握在手心中,笔尖在外,笔杆上端伸出虎口,如图 3-7 所示。

图 3-6　握笔手式一　　　　　　图 3-7　握笔手式二

二、拨珠指法

拨珠指法是打算盘的最基本动作,指法正确与否和拨珠动作的灵巧程度都直接影响计算的效率。

拨珠时用力要适当,用力过重或用力太小都会造成漂珠,即算珠浮漂在档中间。拨珠的部位要正确,接触点是在手指尖与算珠的最高处,不然会造成带珠,即拨到其他算珠。

根据算盘结构特点,拨珠指法主要有两种:"三指拨珠法"和"二指拨珠法"。圆珠大算盘和碟珠中算盘适用"三指拨珠法";菱珠小算盘适用"二指拨珠法"。

(一) 三指拨珠法

三指拨珠法是用拇指、食指、中指三指操作,无名指与小指握笔,三个手指严格分工的方法。

拇指:专拨下珠靠梁。

食指:专拨下珠离梁。

中指:专拨上珠靠梁和离梁。

1. 单指独拨

1) 拨入下珠

用拇指指腹推动下珠靠梁。在直加下珠 1、2、3、4 时使用,如图 3-8 所示。

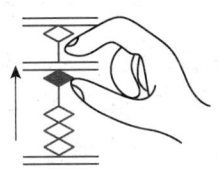

图 3-8　三指拨珠法指法一

练一练:

1. 请在空档上从左到右全盘+1。
2. 请在空档上从左到右全盘+2。
3. 请在空档上从左到右全盘+3。
4. 请在空档上从左到右全盘+4。
5. 请在空档上从左到右全盘交替+1、+2、+3、+4。

---

2) 拨去下珠

用食指指腹拨动下珠离梁。在直减下珠 1、2、3、4 时使用,如图 3-9 所示。

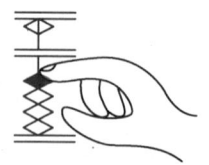

图 3-9　三指拨珠法指法二

练一练：

1. 先全盘上 4,请从左到右全盘－1。

2. 先全盘上 4,请从左到右全盘－2。

3. 先全盘上 4,请从左到右全盘－3。

4. 先全盘上 4,请从左到右全盘－4。

5. 先全盘上 4,请从左到右全盘交替－1、－2、－3、－4。

3) 拨入上珠、拨去上珠

用中指指腹拨动上珠靠梁,或中指指背拨动上珠离梁。在直加上珠 5 或直减上珠 5 时使用,如图 3-10 和图 3-11 所示。

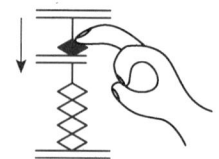　　　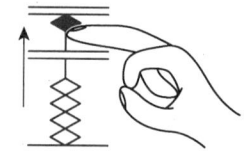

图 3-10　三指拨珠法指法三　　　　　图 3-11　三指拨珠法指法四

练一练：

1. 在盘面上从左到右分别＋1,再从右到左依次－1。

2. 在盘面上从左到右分别＋2,再从右到左依次－2。

3. 在盘面上从左到右分别＋3,再从右到左依次－3。

4. 在盘面上从左到右分别＋4,再从右到左依次－4。

5. 在盘面上从左到右分别＋1、2、3、4,再从右到左依次－4、3、2、1。

6. 在盘面上从左到右分别＋5,再从右到左依次－5。

2. 两指联拨

1) 双合

上下珠同时靠梁。拇指指腹拨下珠靠梁的同时,中指指腹拨上珠靠梁。在直加 6、7、8、9 时使用,如图 3-12 所示。

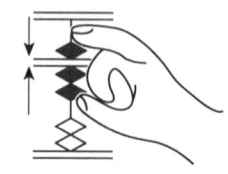

图 3-12　三指拨珠法指法五

练一练：

1. 请在空档上从左到右全盘＋6。
2. 请在空档上从左到右全盘＋7。
3. 请在空档上从左到右全盘＋8。
4. 请在空档上从左到右全盘＋9。
5. 请在空档上从左到右全盘交替＋6、＋7、＋8、＋9。

2）双分

上下珠同时离梁。食指指腹拨下珠离梁的同时，中指指背拨上珠离梁。在直减 6、7、8、9 时使用，如图 3-13 所示。

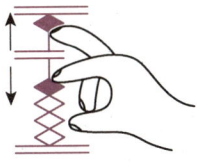

图 3-13　三指拨珠法指法六

练一练：

1. 先全盘上 9，请从左到右全盘－6。
2. 先全盘上 9，请从左到右全盘－7。
3. 先全盘上 9，请从左到右全盘－8。
4. 先全盘上 9，请从左到右全盘－9。
5. 先全盘上 9，请从左到右全盘交替－6、－7、－8、－9。

3）双上

下珠靠梁，同时上珠离梁。拇指指腹拨下珠靠梁的同时，中指指背拨上珠离梁，如图 3-14所示。

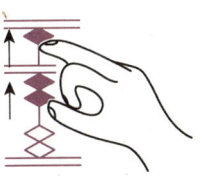

图 3-14　三指拨珠法指法七

练一练：

1. 先全盘上 5，请从左到右全盘－1。
2. 先全盘上 5，请从左到右全盘－2。
3. 先全盘上 5，请从左到右全盘－3。
4. 先全盘上 5，请从左到右全盘－4。
5. 先全盘上 5，请从左到右全盘交替－1、－2、－3、－4。

4) 双下

上珠靠梁,同时下珠离梁。中指指腹拨上珠靠梁的同时,食指指腹拨同档下珠离梁,如图 3-15 所示。

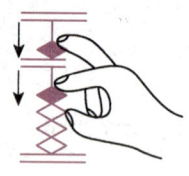

图 3-15 三指拨珠法指法八

练一练:

1. 先全盘上 4,请从左到右全盘+1。
2. 先全盘上 3,请从左到右全盘+2。
3. 先全盘上 2,请从左到右全盘+3。
4. 先全盘上 1,请从左到右全盘+4。
5. 先全盘上 4,请从左到右全盘交替+1、+2、+3、+4。

5) 前后合

左档下珠靠梁,右档上珠同时靠梁。拇指指腹拨左档下珠靠梁的同时,中指指腹拨右档上珠靠梁,用于进位,如图 3-16 所示。

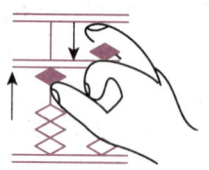

图 3-16 三指拨珠法指法九

练一练:

1. 先清盘,请从左到右全盘依次+15。
2. 先清盘,请从左到右全盘依次+25。
3. 先清盘,请从左到右全盘依次+35。
4. 先清盘,请从左到右全盘依次+45。

6) 前后分

左档下珠离梁,右档上珠同时离梁。食指指腹拨左档下珠离梁的同时,中指指背拨右档上珠离梁,用于退位,如图 3-17 所示。

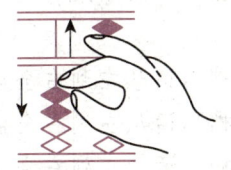

图 3-17 三指拨珠法指法十

练一练：
1. 先全盘依次上 45，请从左到右全盘依次－15。
2. 先全盘依次上 45，从左到右全盘依次－25。
3. 先全盘依次上 45，请从左到右全盘依次－35。
4. 先全盘依次上 45，请从左到右全盘依次－45。

7）前后上

左档下珠靠梁，右档上珠同时离梁。拇指指腹拨左档下珠靠梁的同时，中指指背拨右档上珠离梁，用于进位，如图 3-18 所示。

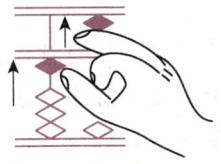

图 3-18 三指拨珠法指法十一

练一练：
1. 先全盘上 5（最左边空 1 档），请从左到右全盘依次＋15。
2. 先全盘上 5（最左边空 1 档），请从左到右全盘依次＋25。
3. 先全盘上 5（最左边空 1 档），请从左到右全盘依次＋35。
4. 先全盘上 5（最左边空 1 档），请从左到右全盘依次＋45。

8）前后下

左档下珠离梁，右档上珠同时靠梁。食指指腹拨左档下珠离梁的同时，中指指腹拨右档上珠靠梁，用于退位，如图 3-19 所示。

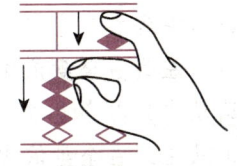

图 3-19 三指拨珠法指法十二

练一练:

1. 先全盘依次上1(最右边空1档),请从左到右全盘依次—5。

2. 先全盘依次上2(最右边空1档),请从左到右全盘依次—5。

3. 先全盘依次上3(最右边空1档),请从左到右全盘依次—5。

4. 先全盘依次上4(最右边空1档),请从左到右全盘依次—5。

9) 扭进

左档下珠靠梁,右档下珠同时离梁。拇指指腹拨左档下珠靠梁的同时,食指指腹拨右档下珠离梁,用于进位,如图3-20所示。

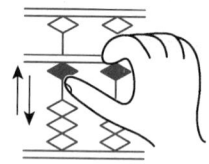

图 3-20 三指拨珠法指法十三

练一练:

1. 先全盘上4(最左边空1档),请从左到右全盘依次+6。

2. 先全盘上3(最左边空1档),请从左到右全盘依次+7。

3. 先全盘上2(最左边空1档),请从左到右全盘依次+8。

4. 先全盘上1(最左边空1档),请从左到右全盘依次+9。

10) 扭退

左档下珠离梁,右档下珠同时靠梁。食指指腹拨左档下珠离梁的同时,用拇指指腹拨右档下珠靠梁,用于退位,如图3-21所示。

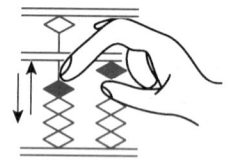

图 3-21 三指拨珠法指法十四

练一练:

1. 先全盘上1(最右边空1档),请从左到右全盘依次—6。

2. 先全盘上1(最右边空1档),请从左到右全盘依次—7。

3. 先全盘上1(最右边空1档),请从左到右全盘依次—8。

4. 先全盘上1(最右边空1档),请从左到右全盘依次—9。

3. 三指联拨

右档上珠、下珠离梁,左档下珠同时靠梁。食指指腹及中指指背拨右档下珠、上珠离梁的同时,用拇指指腹拨左档下珠靠梁,用于进位,如图 3-22 所示。

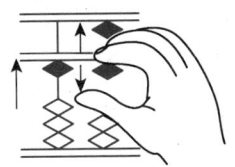

图 3-22 三指拨珠法指法十五

练一练:

1. 先全盘上 6(最左边空 1 档),请从左到右全盘依次+4。
2. 先全盘上 7(最左边空 1 档),请从左到右全盘依次+3。
3. 先全盘上 8(最左边空 1 档),请从左到右全盘依次+2。
4. 先全盘上 9(最左边空 1 档),请从左到右全盘依次+1。

(二) 二指拨珠法

二指拨珠法是用拇指和食指二指操作,中指、无名指与小指握笔。

拇指:专拨下珠靠梁,有时兼拨下珠离梁。

食指:专拨上珠靠梁和离梁,以及下珠离梁。

1. 单指独拨

1) 拨入下珠

用拇指指腹推动下珠靠梁。在直加下珠 1、2、3、4 时使用,如图 3-23 所示。

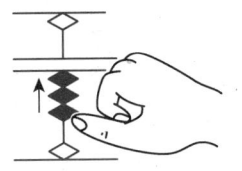

图 3-23 二指拨珠法指法一

练一练:

1. 请在空档上从左到右全盘+1。
2. 请在空档上从左到右全盘+2。
3. 请在空档上从左到右全盘+3。
4. 请在空档上从左到右全盘+4。
5. 请在空档上从左到右全盘交替+1、+2、+3、+4。

2) 拨入上珠、拨去下珠

用食指指腹拨动上珠靠梁或拨动下珠离梁。在直上 5 或直减下珠 1、2、3、4 时使用,如图 3-24 和图 3-25 所示。

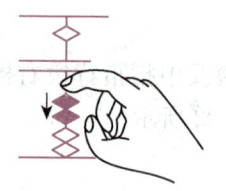

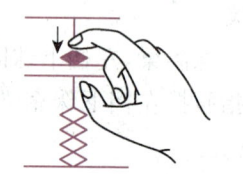

图 3-24　二指拨珠法指法二　　　　　图 3-25　二指拨珠法指法三

练一练：

1. 先全盘上 4,请从左到右全盘－1。

2. 先全盘上 4,请从左到右全盘－2。

3. 先全盘上 4,请从左到右全盘－3。

4. 先全盘上 4,请从左到右全盘－4。

5. 请从左到右全盘＋5。

3）拨去上珠

用食指指背拨动上珠离梁。在直减上珠 5 时使用,如图 3-26 所示。

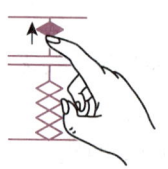

图 3-26　二指拨珠法指法四

练一练：

1. 在盘面上从左到右分别＋1,再从右到左依次－1。

2. 在盘面上从左到右分别＋2,再从右到左依次－2。

3. 在盘面上从左到右分别＋3,再从右到左依次－3。

4. 在盘面上从左到右分别＋4,再从右到左依次－4。

5. 在盘面上从左到右分别＋5,再从右到左依次－5。

2. 两指联拨

1）齐合

上下珠同时靠梁。拇指指腹拨下珠靠梁的同时,食指指腹拨上珠靠梁。在直加 6、7、8、9 时使用,如图 3-27 所示。

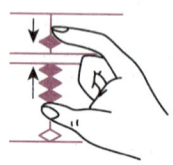

图 3-27　二指拨珠法指法五

练一练：

1. 请在空档上从左到右全盘＋6。
2. 请在空档上从左到右全盘＋7。
3. 请在空档上从左到右全盘＋8。
4. 请在空档上从左到右全盘＋9。

2）齐分

上下珠同时离梁。拇指指背拨下珠离梁的同时，食指指背拨上珠离梁。在直减6、7、8、9时使用，如图3-28所示。

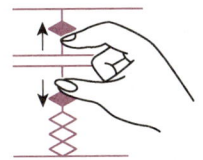

图 3-28　二指拨珠法指法六

练一练：

1. 先全盘上9，请从左到右全盘－6。
2. 先全盘上9，请从左到右全盘－7。
3. 先全盘上9，请从左到右全盘－8。
4. 先全盘上9，请从左到右全盘－9。

3）齐上

下珠靠梁，同时上珠离梁。拇指指腹拨下珠靠梁的同时，食指指背拨上珠离梁，如图3-29所示。

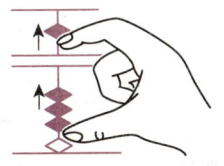

图 3-29　二指拨珠法指法七

练一练：

1. 先全盘上5，请从左到右全盘－1。
2. 先全盘上5，请从左到右全盘－2。
3. 先全盘上5，请从左到右全盘－3。
4. 先全盘上5，请从左到右全盘－4。
5. 先全盘上5，请从左到右全盘交替－1、－2、－3、－4。

4）齐下

上珠靠梁，同时下珠离梁。食指指腹拨上珠靠梁的同时，拇指指背拨同档下珠离梁，如图 3-30 所示。

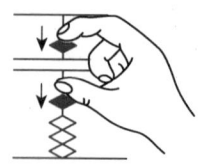

图 3-30　二指拨珠法指法八

练一练：

1. 先全盘上 4，请从左到右全盘＋1。

2. 先全盘上 3，请从左到右全盘＋2。

3. 先全盘上 2，请从左到右全盘＋3。

4. 先全盘上 1，请从左到右全盘＋4。

5. 先全盘上 4，请从左到右全盘交替＋1、＋2、＋3、＋4。

5）扭进

左档下珠靠梁，右档下珠同时离梁。拇指指腹拨左档下珠靠梁的同时，食指指腹拨右档下珠离梁，用于进位，如图 3-31 所示。

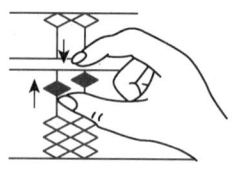

图 3-31　二指拨珠法指法九

练一练：

1. 先全盘上 4（最左边空 1 档），请从左到右全盘依次＋6。

2. 先全盘上 3（最左边空 1 档），请从左到右全盘依次＋7。

3. 先全盘上 2（最左边空 1 档），请从左到右全盘依次＋8。

4. 先全盘上 1（最左边空 1 档），请从左到右全盘依次＋9。

6）扭退

左档下珠离梁，右档下珠同时靠梁。食指指腹拨左档下珠离梁的同时，用拇指指腹拨右档下珠靠梁，用于退位，如图 3-32 所示。

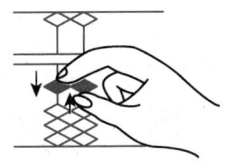

图 3-32　二指拨珠法指法十

练一练：
1. 先全盘上 1（最右边空 1 档），请从左到右全盘依次—6。
2. 先全盘上 1（最右边空 1 档），请从左到右全盘依次—7。
3. 先全盘上 1（最右边空 1 档），请从左到右全盘依次—8。
4. 先全盘上 1（最右边空 1 档），请从左到右全盘依次—9。

【实训范例】

一、范例资料

进行基本的珠算指法练习：

$11\cdots1+22\cdots2+55\cdots5-66\cdots6+77\cdots7-55\cdots5+33\cdots3-44\cdots4-33\cdots3+1+9+90+900+\cdots+900\cdots0$。

二、操作步骤

步骤 1：全盘拨 1（如图 3-33 所示）。

三指拨珠法：
全盘清空，用拇指从左到右全盘拨入 1。

二指拨珠法：
全盘清空，用拇指从左到右全盘拨入 1。

图 3-33　步骤 1

步骤 2：全盘加 2（如图 3-34 所示）。

三指拨珠法：
拇指从左到右拨入下珠2，全盘变成3。

二指拨珠法：
拇指从左到右拨入下珠2，全盘变成3。

图 3-34　步骤 2

步骤 3：全盘加 5（如图 3-35 所示）。

三指拨珠法：
中指从左到右拨入上珠5，全盘变成8。

二指拨珠法：
食指从左到右拨入上珠5，全盘变成8。

图 3-35　步骤 3

步骤 4：全盘减 6（如图 3-36 所示）。

三指拨珠法：
食指和中指同时拨去下珠1和上珠5，全盘变成2。

二指拨珠法：
拇指和食指同时拨去下珠1和上珠5，全盘变成2。

图 3-36　步骤 4

步骤5:全盘加 7(如图 3-37 所示)。

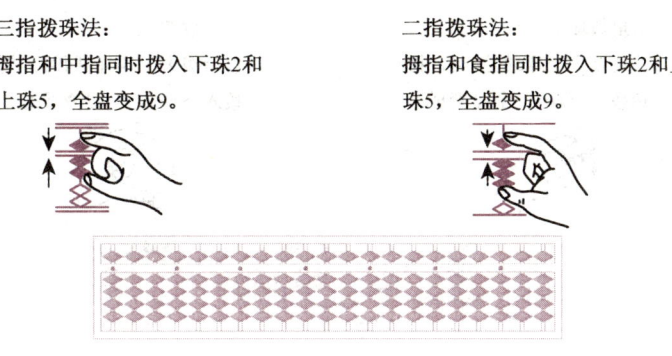

三指拨珠法:
拇指和中指同时拨入下珠2和
上珠5,全盘变成9。

二指拨珠法:
拇指和食指同时拨入下珠2和上
珠5,全盘变成9。

图 3-37　步骤 5

步骤6:全盘减 5(如图 3-38 所示)。

三指拨珠法:
中指拨去上珠5,全盘变成4。

二指拨珠法:
食指拨去上珠5,全盘变成4。

图 3-38　步骤 6

步骤7:全盘加 3(如图 3-39 所示)。

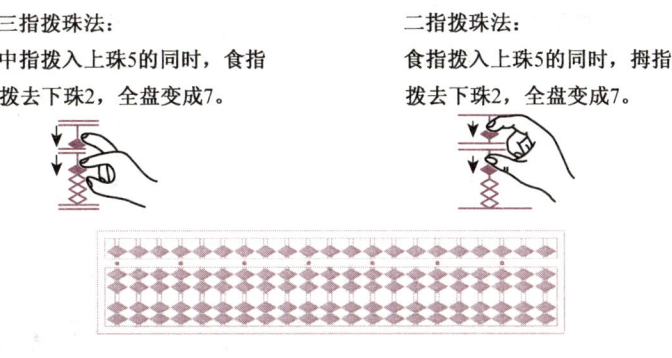

三指拨珠法:
中指拨入上珠5的同时,食指
拨去下珠2,全盘变成7。

二指拨珠法:
食指拨入上珠5的同时,拇指
拨去下珠2,全盘变成7。

图 3-39　步骤 7

步骤 8：全盘减 4（如图 3-40 所示）。

三指拨珠法：   二指拨珠法：

中指拨去上珠5的同时，拇   食指拨去上珠5的同时，拇指

指拨入下珠1，全盘变成3。   拨入下珠1，全盘变成3。

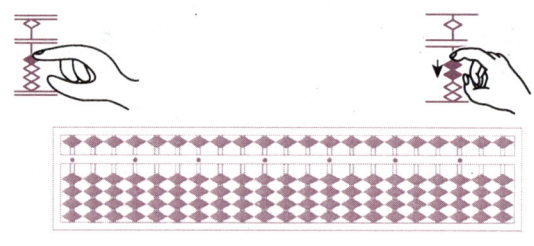

图 3-40 步骤 8

步骤 9：全盘减 3（如图 3-41 所示）。

三指拨珠法：   二指拨珠法：

食指拨去三颗下珠3，全盘变成0。 食指拨去三颗下珠3，全盘变成0。

图 3-41 步骤 9

步骤 10：最右档加 1（如图 3-42 所示）。

三指拨珠法：   二指拨珠法：

拇指拨入最右档下珠1。   拇指拨入最右档下珠1。

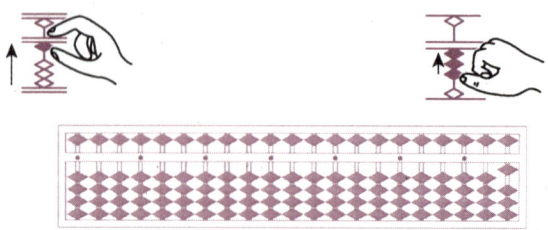

图 3-42 步骤 10

步骤 11:最右档加 9,进位 1(如图 3-43 所示)。

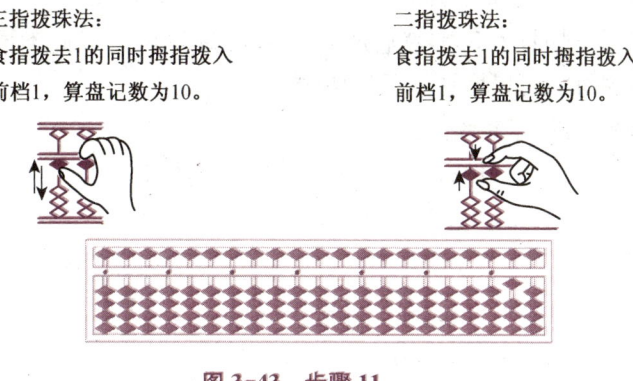

三指拨珠法:
食指拨去1的同时拇指拨入
前档1,算盘记数为10。

二指拨珠法:
食指拨去1的同时拇指拨入
前档1,算盘记数为10。

图 3-43　步骤 11

步骤 12:连续进位(如图 3-44 所示)。

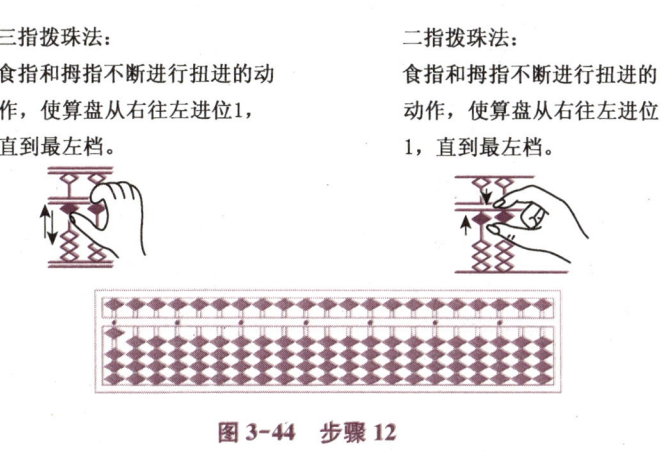

三指拨珠法:
食指和拇指不断进行扭进的动
作,使算盘从右往左进位1,
直到最左档。

二指拨珠法:
食指和拇指不断进行扭进的
动作,使算盘从右往左进位
1,直到最左档。

图 3-44　步骤 12

【技能实训】

1. 指法练习

(1) 99…9干11…1干22…2干…干99…9。

练习方法:全盘先上 9,从 1 到 9 先减后加。即先全盘每档(从左到右)减去 1,再全盘每档(从左到右)加上 1,然后全盘每档(从左到右)减去 2,再全盘每档(从左到右)加上 2,以此类推,直到减 9,加 9 为止。

(2) 1+9+90+900+9,000+90,000+…+900…0-900…0-…-9,000-900-90-9。

练习方法:全盘最右档先上 1,然后用扭进的手法,从右往左不断的进位 1,直到最左档为 1,其余档都为 0。然后再从最左档开始,用扭退的手法,不断往后退位 1,直到最右档为 1,其余档都为 0。

(3) 123,456,789±987,654,321。

练习方法:左起第三档打上 123,456,789,然后从第三档开始加上 987,654,321,练习扭进指法,再减去 987,654,321,练习扭退指法。

（4）555±666±777±888±999。

练习方法:最后三档打入 555,然后加上 666,再减去 666,以此类推,直到减去 999。先从三档开始练习,熟练后可以增加练习的档位。

2. 进行拨珠练习,计算算式

231,302 +102,142	102,031 +231,412	313,041 +121,203	122,133 +321,201
101,432 +143,012	112,342 +312,102	230,124 +113,210	301,124 +132,210
343,244 −242,132	243,324 −131,312	433,214 −412,203	324,342 −213,231
505,555 −505,555	555,423 −505,312	425,352 −225,352	454,553 −352,551
60,607 +709,080	60,070 +709,809	906,080 + 80,807	70,909 +608,060
15,450 +253,515	254,515 + 15,350	45,250 +453,515	253,515 + 25,450
888,666 −888,666	789,987 −678,786	888,777 −777,666	989,799 −678,687
354,525 −253,515	453,545 −152,525	979,899 −351,525	869,987 −532,515
678,789 +555,555	567,968 +550,505	5,656,567 +1,525,355	5,656,567 +3,515,525
443,344 +223,344	243,443 +433,224	344,243 +323,424	2,324,342 +4,342,434

123,432	111,222	869,789	343,423
+987,678	+999,888	+796,876	+978,798

1,111,222	102,030	2,111,000	162,765
− 999,888	− 80,706	− 887,766	− 78,976

实训二 珠 算 加 法

【实训目标】

通过实训,熟悉基本加法的计算方法和拨珠规律,并通过认真练习,掌握珠算加法的运算。

【知识链接】

一、珠算的加法

珠算加减法有传统的口诀加减法和无口诀加减法。无口诀加减法是根据 5 和 10 的分解与组成的原理,利用"凑数"和"补数"的关系,运用心算指导拨珠的一种运算方法。

珠算加法运算顺序与笔算相反,从最高位起,由左及右,由高位到低位。其运算规则为:个位固定,位数对齐,从左到右,同位相加。

珠算的加法运算分为直加法、凑数加法、补数加法和凑补加法四类。

二、凑数、补数和差数

1. 凑数

如果两数之和等于 5,则这两个数互为凑数。互为凑数的两个数有两对:1 和 4;2 和 3。

2. 补数

如果两数之和等于 10^n,则这两个数互为补数。10 的互为补数共有五对:1 和 9;2 和 8;3 和 7;4 和 6;5 和 5。

3. 差数

两个自然数相减的得数为差数。10 以内自然数减 5 得到差数的共有四对:9 和 4;8 和 3;7 和 2;6 和 1。

【技能指导】

一、直加法

直加法是指当拨入加数时,能直接拨珠靠梁即可完成计算的方法。

运算小规则:加看外珠,够加直加。

口诀及拨珠指法如表 3-1 所示。每句口诀的第一个数字是指加数,"上几"是指拨几靠梁。

表 3-1　　　　　　　　　　　　　直加法口诀及拨珠指法

加数	口诀	拨珠动作	指法	
			三指拨珠法	二指拨珠法
1	1 上一	+1=+1	用拇指将下珠拨向靠梁	用拇指将下珠拨向靠梁
2	2 上二	+2=+2		
3	3 上三	+3=+3		
4	4 上四	+4=+4		
5	5 上五	+5=+5	用中指将上珠拨向靠梁	用食指将上珠拨向靠梁
6	6 上六	+6=+6	用中指和拇指同时拨上下珠靠梁	用食指和拇指同时拨上下珠靠梁
7	7 上七	+7=+7		
8	8 上八	+8=+8		
9	9 上九	+9=+9		

【例题 3-1】　2+2=4(如图 3-45 所示)

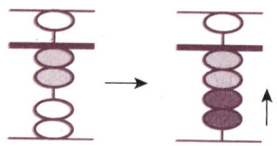

图 3-45　[例题 3-1]图

运算方法:下珠够加 2,则直接上 2。

【例题 3-2】　1+7=8(如图 3-46 所示)

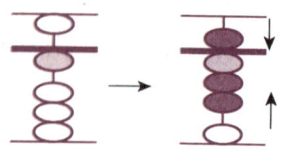

图 3-46　[例题 3-2]图

运算方法：上珠够加5，下珠够加2，则直接加7。

练一练：

(1) 1,243＋3,151＝

(2) 5,602＋3,096＝

(3) 2,561＋6,127＝

(4) 1,554＋2,135＝

(5) 20,318＋67,121＝

(6) 15,206＋70,243＝

(7) 18,452＋80,512＝

(8) 50,128＋19,361＝

(9) 21,262＋57,521＝

(10) 51,735＋43,052＝

二、凑数加法

当本档上珠未靠梁，在加1、2、3、4各数时，下珠不够，不能直接加，必须与上珠调整后相加。

方法：先加上珠5，然后在下珠中减去加数的凑数。

运算小规则：直加不够，加5减凑。

口诀及拨珠指法如表3-2所示。每句口诀的第一个数字是指加数，"下五"是指拨上珠5靠梁，"去几"是指从下珠中拨几离梁，即去加数的凑数。

表3-2　　　　　　　　　　　　　凑数加法口诀及拨珠指法

加数	口诀	拨珠动作	指法	
			三指拨珠法	二指拨珠法
1	1下五去四	＋1＝＋5－4	用中指拨上珠靠梁，同时用食指拨下珠靠边	用食指拨上珠靠梁，同时用拇指拨下珠靠边
2	2下五去三	＋2＝＋5－3		
3	3下五去二	＋3＝＋5－2		
4	4下五去一	＋4＝＋5－1		

【例题3-3】　2＋3＝5（如图3-47所示）

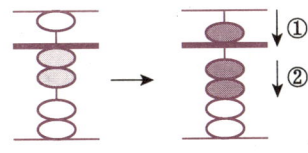

图3-47　［例题3-3］图

运算方法：下珠不够加3，不能直接加，而上珠够加5，则拨入上珠5，同时减去下珠2。

【例题3-4】　4＋4＝8（如图3-48所示）

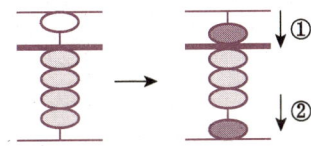

图3-48　［例题3-4］图

运算方法：下珠不够加 4，不能直接加，而上珠够加 5，则拨入上珠 5，同时减去下珠 1。

练一练：

(1) 2,343＋3,212＝

(2) 2,431＋3,124＝

(3) 3,421＋2,134＝

(4) 2,323＋3,232＝

(5) 43,243＋24,313＝

(6) 14,323＋42,243＝

(7) 42,303＋13,402＝

(8) 43,344＋14,321＝

(9) 23,434＋43,432＝

(10) 32,034＋43,032＝

三、补数加法

当本档上下珠都不够加时，必须与前档算珠进行调整。

方法：本档减去加数的补数，前档加 1。

运算小规则：本档满 10，减补进 1。

口诀及拨珠指法如表 3-3 所示。每句口诀的第一个数字是指加数，"去几"是指在本档拨几离梁，即去加数的补数，"进一"是指在前一档拨 1 靠梁。

表 3-3　　　　　　　　　　　补数加法口诀及拨珠指法

加数	口诀	拨珠动作	指法	
			三指拨珠法	二指拨珠法
1	1 去九进一	＋1＝－9＋10	先用中指和食指拨上下珠离梁，然后用拇指在前档拨 1 颗下珠靠梁	先用食指和拇指拨上下珠离梁，然后用拇指在前档拨 1 颗下珠靠梁
2	2 去八进一	＋2＝－8＋10		
3	3 去七进一	＋3＝－7＋10		
4	4 去六进一	＋4＝－6＋10		
5	5 去五进一	＋5＝－5＋10	用中指拨上珠离梁，然后用拇指在前档拨 1 颗下珠靠梁	用食指拨上珠离梁，然后用拇指在前档拨 1 颗下珠靠梁
6	6 去四进一	＋6＝－4＋10	用食指拨下珠离梁，同时用拇指在前档拨 1 颗下珠靠梁	用食指拨下珠离梁，同时用拇指在前档拨 1 颗下珠靠梁
7	7 去三进一	＋7＝－3＋10		
8	8 去二进一	＋8＝－2＋10		
9	9 去一进一	＋9＝－1＋10		

【例题 3-5】　2＋8＝10（如图 3-49 所示）

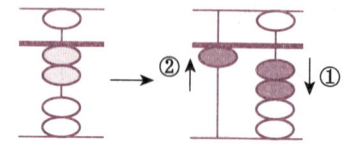

图 3-49　［例题 3-5］图

运算方法：本档不够加8，则前档加1，本档减去8的补数2。

【例题 3-6】 8＋7＝15（8去掉7的补数3，然后进1）（如图3-50所示）

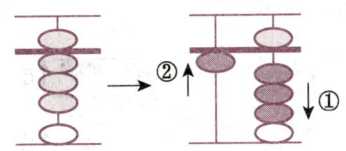

图 3-50 ［例题 3-6］图

运算方法：本档不够加7，则前档加1，本档减去7的补数3。

练一练：

(1) $5,938＋5,672＝$

(2) $1,243＋9,867＝$

(3) $8,549＋2,561＝$

(4) $9,875＋1,235＝$

(5) $96,878＋15,243＝$

(6) $69,805＋47,318＝$

(7) $98,756＋27,364＝$

(8) $78,659＋38,452＝$

(9) $90,562＋67,598＝$

(10) $69,508＋41,953＝$

四、凑补加法

本档已有上珠靠梁，要加上6、7、8、9各数，下珠也不够加，必须加上加数的差数减去5，然后前档进1。

方法：先加下珠差数，再减去上珠5，然后前档进1。

运算小规则：加差减5，前档进1。

口诀及拨珠指法如表3-4所示。每句口诀的第一个数字是指加数，"上几"是指在本档拨几靠梁，即上加数的差数，"去五"是指在本档拨5离梁，"进一"是指在前一档拨1靠梁。

表 3-4　　　　　　　　凑补加法口诀及拨珠指法

加数	口诀	拨珠动作	指法	
			三指拨珠法	二指拨珠法
6	6上一去五进一	$＋6＝＋1－5＋10$	用拇指拨本档下珠靠梁时，用中指拨上珠离梁，然后用拇指在前档拨1颗下珠靠梁	用拇指拨本档下珠靠梁时，用食指拨上珠离梁，然后用拇指在前档拨1颗下珠靠梁
7	7上二去五进一	$＋7＝＋2－5＋10$		
8	8上三去五进一	$＋8＝＋3－5＋10$		
9	9上四去五进一	$＋9＝＋4－5＋10$		

【例题 3-7】 $5＋9＝14$（如图3-51所示）

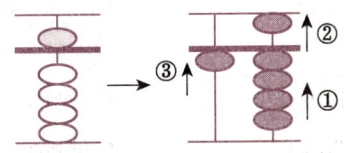

图 3-51 ［例题 3-7］图

运算方法:本档不够加9,需要前档进1,再减去本档9的补数1。而此处减1,需要先减去上珠5,再加上下珠4。因此,先加下珠4(9的差数),再去上珠5,最后前档进1。

【例题3-8】 7+6=13(如图3-52所示)

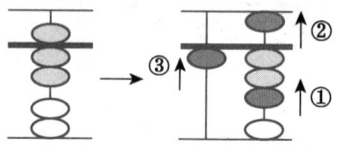

图3-52 [例题3-8]图

运算方法:先加下珠1(6的差数),再去上珠5,最后前档进1。

> **练一练:**
>
> (1) 5,055+9,078= (2) 5,555+6,789=
> (3) 6,867+6,575= (4) 5,675+7,669=
> (5) 60,676+70,658= (6) 67,868+65,575=
> (7) 67,869+65,565= (8) 50,756+80,677=
> (9) 87,068+56,075= (10) 75,565+66,879=

【实训范例】

一、范例资料

某企业2017年12月31日各总分类账户的期末余额数据如表3-5所示,请运用珠算加法完成借方合计与贷方合计。

表3-5

总分类账户期末余额表

2017年12月31日

单位:元

账户名称	借方	账户名称	贷方
库存现金	1,080	累计折旧	575,510
银行存款	1,067,130	累计摊销	18,910
短期投资	50,000	短期借款	130,000
应收票据	5,000	应付票据	10,000
应收账款	1,120,560	应付账款	94,750
其他应收款	1,000	应付职工薪酬	68,680
原材料	125,000	应交税费	96,300
库存商品	360,000	应付利息	4,940
生产成本	23,650	应付利润	60,000

（续表）

账户名称	借方	账户名称	贷方
长期股权投资	498,425	其他应付款	2,000
固定资产	2,106,930	长期借款	400,000
无形资产	182,200	实收资本	3,600,000
		资本公积	60,460
		盈余公积	50,600
		利润分配	65,000
		本年利润	303,825
合　计		合　计	

二、操作步骤

步骤 1：清盘。

打珠算时，身体坐正，左手拿好算盘，右手握好笔，要做到笔不离手。运算前，算盘清盘。为了避免看错数字，左手要配合右手以及眼、脑一同操作。

使用碟珠中算盘时，将算盘压住资料，放在资料偏下方，左手指着要打的数字，右手拨珠，防止眼睛看错数据。打完一题，左手再指下一行数据，如此按次移动运算，直至算完一题为止。

使用菱珠小算盘时，左手握盘，将算盘放在要打的数字下面，使数字和拨珠的距离接近。打完一题，用左手缓缓将算盘向下移动，露出下一行数字，如此按次移动运算，直至算完一题为止。

步骤 2：定位。

在打数字前，首先应选取一档作为个位档，如将从右数起第六档作为个位档，记为 $+1$ 档，往左数起分别为 $+2$，$+3$，$+4$…档，表示十位、百位、千位……，往右数起分别为 0，-1，-2…档，表示小数一位、二位、三位……，每三位有定位点表示分节号。

步骤 3：拨珠。

拨珠的时候，要认准首位的档数，看数时，要按数字的分节来看。比如，拨入第一个数"1080"，从左到右，先找到首位"1"的档数，记住第一节数字"1"，右手在千位（$+4$ 档）上拨入"1"；然后看第二节数字"080"，右手依次往后拨入"0""8""0"（此处"0"不需要拨珠，则直接到十位拨入"8"）。在拨完每一位数字后，右手手指始终不离已算的那个档位，在打下一位数字时往后退一位，就这样定好首位之后，打一位，退一位。

步骤 4：加数。

珠算加法运算时，数字的位数应对齐，相同位数的数字相加，从高位数到低位数相加。遇到小数点时，必须小数点对齐相加。就这样先将左边借方数据全部相加，记录合计结果，再将右边贷方数据全部相加，记录结果。

注意在运算时，定位要准确，拨珠时用力要适中，珠子要到位，不要浮在中间，右手避免带珠的现象。

步骤5:记录结果。

运算结束后要清盘退珠,将运算结果记载在运算纸上。根据会计记账规则,借方合计应等于贷方合计。答案为"5,540,975",如图 3-53 所示。

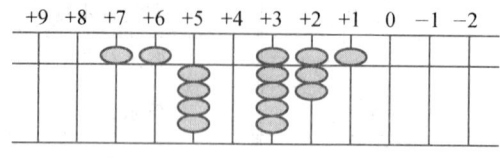

图 3-53 终盘

【技能实训】

1. 九九连加

练习方法:在 1 的基础上连加九次 1,和数是 10;在 2 的基础上连加九次 2,和数是 20…在 9 的基础上连加九次 9,和数是 90。

2. 节日图

练习方法:盘面基数为 32,260,738,125,然后见子打子连加 4 遍,得到的数字为 516,171,810,000,即"五一""六一""七一""八一"。

3. "625"

练习方法:从右边第六档起,加 625。

(1) 连续加 4 遍 625,结果是 2,500。

(2) 连续加 8 遍 625,结果是 5,000。

(3) 连续加 12 遍 625,结果是 7,500。

(4) 连续加 16 遍 625,结果是 10,000。

4. "三盘清"

练习方法:从算盘左起第三档拨基数 123,456,789 入盘,然后见子打子三遍。

(1) 123,456,789+123,456,789=246,913,578。

(2) 123,456,789+123,456,789+123,456,789=493,827,156。

(3) 123,456,789+123,456,789+123,456,789+123,456,789=987,654,312。

(4) 123,456,789+123,456,789+123,456,789+123,456,789+9=987,654,321。

5. "三朵梅"

练习方法:106,885,688,569 见几加几,连加 4 次,得数为 1,710,171,017,104。

6. "打百字"

练习方法:以算盘右边第四档作为个位档,加 1、加 2、加 3、加 4、…、加 98、加 99、加 100,计算结果为 5,050。

(1) 1+2+3+…+10=55。

(2) 1+2+3+…+36=666。

(3) $1+2+3+\cdots+50=1,275$。

(4) $1+2+3+\cdots+77=3,003$。

(5) $1+2+3+\cdots+99+100=5,050$。

7. 直加法和凑数加法计算

① 135	② 8,005	③ 26.17	④ 73.15
＋ 103	＋ 701	＋ 1.21	＋ 6.32
＋ 561	＋ 243	＋ 60.50	＋ 0.50

⑤ 2,104	⑥ 435	⑦ 24.02	⑧ 20.41
＋ 422	＋ 2,130	＋ 4.32	＋ 1.24
＋ 3,240	＋ 4,203	＋ 40.43	＋ 42.21

8. 补数加法和凑补加法计算

① 466	② 385	③ 4.45	④ 37.35
＋ 925	＋ 6,923	＋ 24.56	＋ 7.28
＋ 871	＋ 4,396	＋ 93.47	＋ 9.78

⑤ 44,387	⑥ 86,497	⑦ 23,876.92	⑧ 3,967.45
＋ 79,045	＋ 925,068	＋ 8,235.19	＋ 6.32
＋ 98.978	＋ 309,745	＋ 60.50	＋ 8,154.95

9. 加法趣味练习

表 3-6 的每一行和每一列的和应都分别等于 505，10 行的总和是 5,050。

表 3-6 　　　　　　　　　　　　　　　　练习表

1	20	21	40	41	60	61	80	81	100	
99	82	79	62	59	42	39	22	19	2	
3	18	23	38	43	58	63	78	83	98	
97	84	77	64	57	44	37	24	17	4	
5	16	25	36	45	56	65	76	85	96	
95	86	75	66	55	46	35	26	15	6	
14	7	34	27	54	47	74	67	94	87	
88	93	68	73	48	53	28	33	8	13	
12	9	32	29	52	49	72	69	92	89	
91	90	71	70	51	50	31	30	11	10	

10. 加法综合练习

运用珠算加法的拨珠计算方法进行运算,逐步养成眼睛看到应计算的数字时,手指自然而然地拨珠计算,逐步达到得心应手的熟练程度。

(1)横向 4 个数字相加求出合计数。

(2)竖向 10 个数字相加求出合计数。

(3)横向合计数与竖向合计数相加的结果应该相等。

计算表如表 3-7 和表 3-8 所示。

表 3-7 　　　　　　　　　　　计算表一

题序	一	二	三	四	合计
1	1,907	8,974	2,134	8,679	
2	3,605	3,456	5,678	7,548	
3	6,391	9,218	9,048	6,375	
4	2,438	4,126	4,357	3,575	
5	9,142	7,042	4,237	2,135	
6	2,864	2,413	3,024	5,345	
7	4,825	8,603	5,145	6,187	
8	6,517	5,678	5,642	5,318	
9	8,297	1,234	9,587	4,209	
10	6,312	6,958	6,242	8,057	
合计					

表 3-8 　　　　　　　　　　　计算表二

题序	一	二	三	四	合计
1	48.25	87.53	25.49	23.45	
2	43.58	50.67	78.51	10.56	
3	26.54	45.27	40.67	63.95	
4	80.26	84.35	83.98	24.86	
5	43.28	80.56	45.12	78.04	
6	91.48	60.78	37.25	96.43	
7	57.14	79.19	50.26	53.96	
8	10.59	19.78	46.27	14.58	
9	45.23	82.45	31.78	20.42	
10	74.28	31.87	12.45	31.86	
合计					

11. 综合应用题

(1) 计算期末余额表(如表 3-9 所示)。

表 3-9 　　　　　　　　　　　　总分类账户期末余额表

2017 年 6 月 30 日 　　　　　　　　　　　　　　　　单位:元

借方账户	金额	贷方账户	金额
库存现金	8,500	短期借款	675,000
银行存款	540,000	应付账款	231,000
短期投资	120,000	其他应付款	20,000
应收账款	35,000	应交税费	35,000
其他应收款	23,000	应付利息	10,000
库存商品	710,000	实收资本	650,000
生产成本	5,400	资本公积	365,700
制造费用	12,800	盈余公积	286,000
固定资产	872,000	利润分配	125,000
无形资产	256,000	本年利润	185,000
合　计		合　计	

(2) 计算原材料耗用汇总表(如表 3-10 所示)。

表 3-10 　　　　　　　　　　　　原材料耗用汇总表

2017 年 6 月 30 日 　　　　　　　　　　　　　　　　单位:元

材料用途	A 材料	B 材料	合计金额
生产甲产品	120,570	85,053	
生产乙产品	180,784	50,834	
车间一般耗用	6,358	4,150	
行政管理部门耗用	2,108	3,341	
销售部门耗用	7,452	5,972	
合计金额			

(3) 计算生产成本明细分类账户余额表(如表 3-11 所示)。

表 3-11 　　　　　　　　　　　生产成本明细分类账户余额表

单位:元

产品名称	直接材料	燃料和动力	直接人工及福利费	制造费用	合计
吸尘器	270,000	2,540	20,250	6,780	
扫地机	345,800	2,840	31,540	7,420	
微波炉	202,500	1,770	12,300	6,350	
电烤箱	298,640	2,355	34,680	5,860	
合计					

实训三　珠算减法

【实训目标】

通过实训,熟悉基本减法的计算方法和拨珠规律,并通过认真练习,掌握珠算减法和加减混合的运算。

【知识链接】

从一个数中去掉另一个数或另几个数的运算方法,叫做减法。原来的数叫做"被减数",去掉的数叫做"减数",去掉后剩下的数叫做"差"。

珠算的减法运算分为直减法、凑数减法、补数减法、凑补减法和借减法。

【技能指导】

一、直减法

直减法是指当拨去减数时,能直接拨珠离梁即可完成计算的方法。

运算小规则:减看内珠,够减直减。

口诀及拨珠指法如表 3-12 所示。每句口诀的第一个数字是指减数,"去几"是指拨几离梁。

表 3-12　　　　　　　　　　直减法口诀及拨珠指法

减数	口诀	拨珠动作	指法	
			三指拨珠法	二指拨珠法
1	1去一	$-1=-1$	用食指拨下珠离梁	用食指拨下珠离梁
2	2去二	$-2=-2$		
3	3去三	$-3=-3$		
4	4去四	$-4=-4$		
5	5去五	$-5=-5$	用中指拨上珠离梁	用食指拨上珠离梁
6	6去六	$-6=-6$	用中指和食指同时拨上下珠离梁	用食指和拇指同时拨上下珠离梁
7	7去七	$-7=-7$		
8	8去八	$-8=-8$		
9	9去九	$-9=-9$		

【例题3-9】 4－2＝2（如图3-54所示）

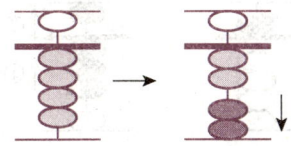

图 3-54 ［例题 3-9］图

运算方法：下珠够减2，则直接下2。

【例题3-10】 9－6＝3（如图3-55所示）

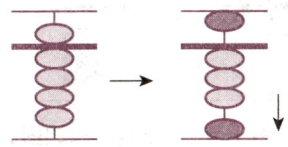

图 3-55 ［例题 3-10］图

运算方法：下珠够减1，上珠够减5，则直接减6。

练一练：

(1) 8,698－3,069＝   (2) 4,394－3,151＝

(3) 3,689－2,135＝   (4) 8,688－6,127＝

(5) 87,439－20,318＝   (6) 85,449－70,243＝

(7) 98,964－18,452＝   (8) 69,489－19,361＝

(9) 78,783－57,521＝   (10) 94,787－43,052＝

二、凑数减法

当本档上珠已靠梁，在减1、2、3、4各数时，下珠不够，不能直接减，必须与上珠调整后相减。

方法：下珠拨入减数的凑数同时拨去上珠5。

运算小规则：直减不够，加凑去5。

口诀及拨珠指法如表3-13所示。每句口诀的第一个数字是指减数，"上几"是指从下珠中拨几靠梁，即上减数的凑数，"去五"是指拨上珠5离梁。

表 3-13   凑数减法口诀及拨珠指法

减数	口诀	拨珠动作	指法	
			三指拨珠法	二指拨珠法
1	1上四去五	－1＝＋4－5	用拇指拨下珠靠梁，同时用中指拨上珠离梁	用拇指拨下珠靠梁，同时用食指拨上珠离梁
2	2上三去五	－2＝＋3－5		
3	3上二去五	－3＝＋2－5		
4	4上一去五	－4＝＋1－5		

【例题 3-11】 5−2＝3(如图 3-56 所示)

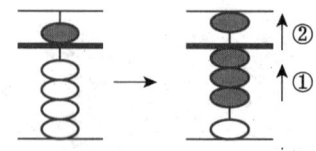

图 3-56 [例题 3-11]图

运算方法:下珠不够减 2,不能直接减,而上珠够减 5,则拨去上珠 5,同时加下珠 3。

【例题 3-12】 7−3＝4(如图 3-57 所示)

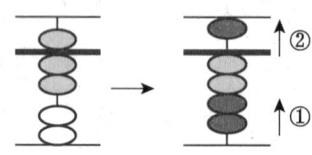

图 3-57 [例题 3-12]图

运算方法:下珠不够减 3,不能直接减,而上珠够减 5,则拨去上珠 5,同时加下珠 2。

练一练:

(1) 6,556−3,212＝

(2) 5,555−3,124＝

(3) 6,767−2,323＝

(4) 7,865−3,421＝

(5) 66,567−42,243＝

(6) 67,556−23,413＝

(7) 56,716−13,402＝

(8) 58,665−14,334＝

(9) 77,675−43,432＝

(10) 86,276−43,042＝

三、补数减法

当本档上下珠都不够减时,必须与前档算珠进行调整。

方法:前档减 1,本档加上减数的补数。

运算小规则:本档不够,退 1 加补。

运算小规则:本档满 10,减补进 1。

口诀及拨珠指法如表 3-14 所示。每句口诀的第一个数字是指减数,"退一"是指从前一档拨 1 离梁,"加几"是指在本档拨几靠梁,即加上减数的补数。

表 3-14   补数减法口诀及拨珠指法

减数	口诀	拨珠动作	指法	
			三指拨珠法	二指拨珠法
1	1 退一加九	−1＝−10+9	用食指在前档拨 1 颗下珠离梁,同时用中指和拇指拨上下珠靠梁	用食指在前档拨 1 颗下珠离梁,同时用食指和拇指拨上下珠靠梁
2	2 退一加八	−2＝−10+8		
3	3 退一加七	−3＝−10+7		
4	4 退一加六	−4＝−10+6		

（续表）

减数	口诀	拨珠动作	指法	
			三指拨珠法	二指拨珠法
5	5退一加五	$-5=-10+5$	用食指在前档拨 1 颗下珠离梁,同时用中指在本档拨 1 颗上珠靠梁	用拇指在前档拨 1 颗下珠离梁,同时用食指在本档拨 1 颗上珠靠梁
6	6退一加四	$-6=-10+4$	用食指在前档拨 1 颗下珠离梁,同时用拇指拨本档下珠靠梁	用食指在前档拨 1 颗下珠离梁,同时用拇指拨本档下珠靠梁
7	7退一加三	$-7=-10+3$		
8	8退一加二	$-8=-10+2$		
9	9退一加一	$-9=-10+1$		

【例题 3-13】　$12-8=4$(如图 3-58 所示)

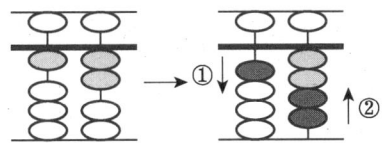

图 3-58　[例题 3-13]图

运算方法:本档不够减 8,则前档退 1,本档加上 8 的补数 2。

【例题 3-14】　$15-6=9$(如图 3-59 所示)

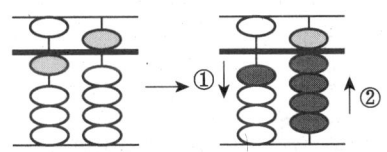

图 3-59　[例题 3-14]图

运算方法:本档不够减 6,则前档退 1,本档加上 6 的补数 4。

练一练:

(1) $11,110-9,876=$

(2) $11,011-5,672=$

(3) $10,302-2,568=$

(4) $11,203-9,875=$

(5) $310,205-47,318=$

(6) $203,030-15,246=$

(7) $416,051-29,364=$

(8) $402,132-78,459=$

(9) $228,531-80,953=$

(10) $350,275-67,598=$

四、凑补减法

本档只有下珠靠梁,要减去 6、7、8、9 各数,下珠不够减,必须前档退一,本档加上 5,再减去加数的差数。

方法:先减下珠差数,再加上珠5,然后前档退1。

运算小规则:前档退1,加5减差。

口诀及拨珠指法如表3-15所示。每句口诀的第一个数字是指减数,"退一"是指在前一档拨1离梁,"下五"是指在本档拨5靠梁,"去几"是指在本档的下珠中拨几离梁,即去减数的差数。

表3-15　　　　　　　　　　凑补减法口诀及拨珠指法

减数	口诀	拨珠动作	指法	
			三指拨珠法	二指拨珠法
6	6退一下五去一	$-6=-10+5-1$	用食指拨前档1颗下珠离梁,用中指在本档拨上珠靠梁,同时用食指拨下珠离梁	用食指拨前档1颗下珠离梁,用食指在本档拨上珠靠梁,同时用拇指拨下珠离梁
7	7退一下五去二	$-7=-10+5-2$		
8	8退一下五去三	$-8=-10+5-3$		
9	9退一下五去四	$-9=-10+5-4$		

【例题 3-15】　$13-7=6$(如图3-60所示)

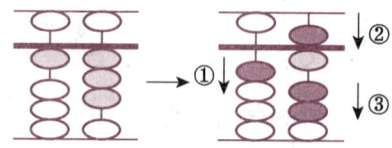

图3-60　[例题3-15]图

运算方法:加上上珠5,再减去下珠2(7的差数),同时前档退1。

【例题 3-16】　$11-6=5$(如图3-61所示)

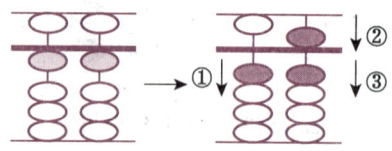

图3-61　[例题3-16]图

运算方法:加上上珠5,再减去下珠1(6的差数),同时前档退1。

练一练:

(1) $14,133-9,078=$

(2) $12,344-6,789=$

(3) $13,442-6,876=$

(4) $13,434-7,689=$

(5) $224,443-67,868=$

(6) $135,343-70,896=$

(7) $329,434-60,878=$

(8) $348,334-80,677=$

(9) $424,824-67,069=$

(10) $434,942-76,086=$

五、借减法

在加减法和加减混合运算中,往往会遇到减数大于被减数的情况,为了不改变运算顺序,可以利用虚借1的方法,在不够减的前一档虚借1,加大被减数再继续运算,以便求出结果。

1. 有借有还

方法:减数大于被减数向前虚借1后,需记住虚借的档位,在后面的运算中如果遇到能够使虚借1的那一档有余数(≥1),这时应还掉先前虚借的1(即虚借档减1),得到的值即为最终的运算结果。

运算小规则:有借有还得实数,照抄得数为正值。

【例题3-17】 8－12＋20＝16(如图3-62所示)

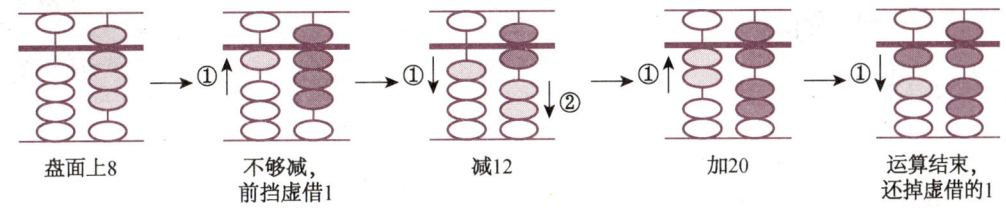

图3-62　[例题3-17]图

运算方法:盘面8减去12不够减,前挡虚借1,再减去12,然后继续运算加20,运算结束时,虚借档够还虚借的1,则虚借档减去1,得到盘面的运算结果为正数16。

练一练:

(1) 8,275－9,184＋1,200＝

(2) 54,535－68,053＋125,108＝

(3) 1,472－6,876＋7,074＝

(4) 31,485－75,682＋558,271＝

(5) 124,443－667,868＋907,785＝

(6) 42,985－73,252＋125,385＝

(7) 329,758－670,373＋464,537＝

(8) 378,235－485,648＋205,482＝

(9) 842,275－923,234＋257,345＝

(10) 84,384－125,458＋867,487＝

---

2. 有借无还

方法:减数大于被减数向前虚借1后,需记住虚借的档位,在后面的运算中直至该题计算结束,也没能在虚借1的那一档有加数(即无法还掉先前虚借的1),则表示运算结果为负数,从虚借档的后一档开始取每一档与9的差数(即该档未拨出的数),最后一档取与10的差数(即补数)。

运算小规则:有借无还得虚数,抄下差数得负值。

【例题3-18】 331－469＝－138(如图3-63所示)

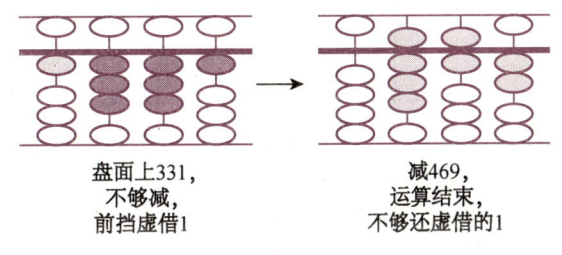

图3-63　[例题3-18]图

运算方法:盘面 331 减去 469 不够减,前挡虚借 1,再减去 469,运算结束时,虚借档不够还虚借的 1,则得到负数,除个位档的每一档取外珠,个位档取与 10 的差数,得到运算结果为－138。

练一练:

(1) 129,077－814,133＝　　　　　　(2) 6,789－8,344＝

(3) 6,876－9,442＝　　　　　　(4) 7,689－9,434＝

(5) 67,868－94,443＝　　　　　　(6) 70,896－85,343＝

(7) 329,434－758,878＝　　　　　　(8) 348,334－958,677＝

(9) 424,824－857,069＝　　　　　　(10) 34,942－76,086＝

【实训范例】

一、范例资料

某企业 2017 年 12 月利润表如表 3-16 所示,请运用珠算加减法完成利润表中"营业利润""利润总和"和"净利润"的计算。

表 3-16

利润表

2017 年 12 月

单位:元

项　目	行次	本年金额
一、营业收入		325,600.00
减:营业成本		－206,200.00
税金及附加		－7,680.00
销售费用		－9,840.00
管理费用		－71,095.04
财务费用		－1,230.00
加:投资净收益		3,000.00
二、营业利润		
加:营业外收入		2,300.00
减:营业外支出		－1,200.00
三、利润总额		
减:所得税费用		－8,413.74
四、净利润		

二、操作步骤

步骤 1:清盘。

打珠算时,身体坐正,左手拿好算盘,右手握好笔,要做到笔不离手。运算前,算盘清盘。注意左手、右手、眼、脑的协调配合操作。

步骤2:定位。

在打数字前,首先应选取一档作为个位档,记为+1档,往左数起分别为+2,+3,+4,…档,表示十位、百位、千位……往右数起分别为0,−1,−2…档,表示小数一位、二位、三位……每三位有定位点表示分节号。

步骤3:拨珠。

拨珠的时候,要认准首位的档数,看数时,要按数字的分节来看。

比如,拨入第一个数"325,600.00",从左到右,先找到首位"3"的档数,记住第一节数字"325",右手在十万位(+6档)上拨入"3",再在万位(+5档)拨入2,再在千位(+4档)拨入5。在拨完每一位数字后,右手手指始终不离已算的那个档位,在打下一位数字时往后退一位,就这样定好首位之后,打一位,退一位,完成第一节数字。然后依次类推完成第二节数字"600",在百位(+3档)拨入6,"0"不需要拨珠,完成本数字的拨珠。

步骤4:加减数。

珠算加减运算时,数字的位数应对齐,相同位数的数字相加或相减,从高位数到低位数相加或相减。遇到小数点时,必须小数点对齐,相加或相减。

注意在运算时,定位要准确,拨珠时用力要适中,珠子要到位,不要浮在中间,右手避免带珠的现象。

(1)在利润表中先计算"营业利润",根据以上数据的加减,得出营业利润为"32,554.96",如图3-64所示。

(2)然后在营业利润的基础上,加上"营业外收入",减去"营业外支出",得出"利润总额"为"33,654.96",如图3-65所示。

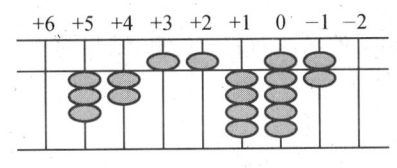

图3-64 计算营业利润

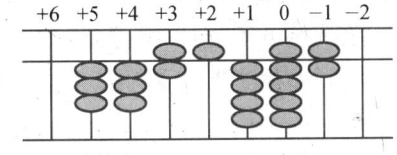

图3-65 计算利润总额

(3)最后将"利润总额"减去"所得税费用",得到"净利润"为"25,241.22",如图3-66所示。

步骤5:记录结果。

每一段运算结束后将运算结果记载在相应格子上。

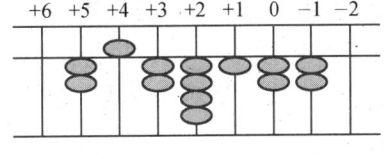

图3-66 计算净利润

【技能实训】

1. 九九连减

练习方法:数10连减九次1,差数是1;数20连减九次2,差数是2……数90连减九次9,差数是9。

2. 987,654,321±111,111,111±222,222,222±333,333,333±…±888,888,888±999,999,999

练习方法:左起第三档打入 987,654,321,然后加上 111,111,111,再减去 111,111,111,以此类推,直到减去 999,999,999。

3. "三盘清"

练习方法:盘面基数为 987,654,321,然后"见子减补"练习减法,第一遍减 123,456,789,第二遍减 246,913,578,第三遍减 493,827,156,并在末档减 9,盘面最终为 123,456,789。

各盘得数如下:

```
    原数:          987,654,321
 −123,456,789
    第一盘:        864,197,532
 −246,913,578
    第二盘:        617,283,954
 −493,827,156
    第三盘:        123,456,798
 −          9    123,456,789
```

4. "七盘清"

练习方法:盘面基数为 987,654,321,然后连减七次 123,456,789,最后在个位档上再减 9,盘面最终为 123,456,789。

5. "减百字"

练习方法:先在算盘上拨出 5,050,然后从 1 起,顺序减到 100,即减 1、减 2、减 3……减 100,最后盘中结果为 0。

6. "625"连加连减练习

练习方法:先将 625 连加 16 遍,得数为 10,000;然后再连减 16 遍,结果是 0。

7. "16,835"连加连减练习

练习方法:

先将 16,835 连加 3 遍,得数为 50,505;连加 6 遍,得数为 101,010;连加 9 遍,得数为 151,515;连加 12 遍,得数为 202,020;连加 15 遍,得数为 252,525。

然后再连减 15 遍,得数为 202,020;连减 12 遍,得数为 151,515;连减 9 遍,得数为 101,010;连减 6 遍,得数为 50,505;连减 3 遍,得数为 0。

8. 直减法和凑数减法的练习

① 492	② 7,692	③ 87.99	④ 98.88
− 162	− 1,210	− 31.32	− 52.70
− 210	− 3,021	− 43.11	− 22.12

⑤ 5,987	⑥ 8,786	⑦ 95.94	⑧ 86.39
− 1,122	− 2,041	− 2.43	− 5.12
− 1,140	− 322	− 41.31	− 40.12

9. 补数减法和凑补减法的练习

① 3,562	② 6,227	③ 853.17	④ 235.74
－ 955	－ 198	－ 65.87	－ 45.38
－ 985	－ 547	－ 98.58	－ 36.58

⑤ 3,244	⑥ 4,628	⑦ 28.79	⑧ 742.13
－ 794	－ 979	－ 4.37	－ 78.97
－2,217	－1,649	－ 8.96	－476.98

10. 借减法的练习

(1) $567-839=$

(2) $145-2,375=$

(3) $857-899=$

(4) $436-536=$

(5) $3,622-8,535=$

(6) $85,589-89,875=$

(7) $123,548-868,785=$

(8) $155,587-748,538=$

(9) $48,681-65,204=$

(10) $453,807-453,987=$

(11) $8-45+68=$

(12) $45-89+54=$

(13) $450,845-453,987+805,065=$

(14) $3,128+459+1,074-6,231+508+1,723-452=$

(15) $42,076-38,154-3,019-75,434+6,899+51,702-636=$

(16) $805.33+47.96-611.54-1,060.28+520.17+237.45=$

(17) $52,484-28,623-37,204+26,780=$

(18) $8,097-3,218-93-8,264-42,376=$

(19) $21,044+7,196+5,213-22,575-16,224-2,726+8,157-1,389+2,304=$

(20) $4,538-3,209+804-293,311,716-34,085+6,729+483-7,543=$

11. 减法综合训练

运用珠算减法的拨珠计算方法进行运算,逐步提高计算的熟练程度。

(1) 横向总计减去甲、乙、丙三个数字求出余额。

(2) 竖向总计减去1、2、…、10、11 等十一位数字求出余额。

(3) 余额的横向相减与余额的竖向相减,它们的结果应该相等。

计算表如表3-17 和表3-18 所示。

表 3-17 计算表一

题序	总计	减甲	减乙	减丙	余额
总计	18,912.46	1,921.66	2,843.25	3,647.91	
减 1	946.06	61.98	75.38	69.85	
2	187.25	20.73	56.54	24.57	
3	208.49	93.84	10.97	78.93	
4	340.68	56.91	84.94	96.98	
5	469.67	98.64	44.15	45.32	
6	793.94	34.68	59.53	50.81	
7	528.46	99.87	69.28	92.15	
8	602.71	68.43	70.96	76.09	
9	823.24	72.95	96.02	40.53	
10	134.17	15.32	25.81	17.24	
11	751.32	34.26	37.15	38.42	
余额					

表 3-18 计算表二

题序	总计	减甲	减乙	减丙	余额
总计	15,827.34	1,896.02	1,646.78	1,846.59	
减 1	286.91	95.13	24.58	96.82	
2	149.35	40.82	54.36	13.56	
3	483.86	51.96	80.89	70.49	
4	865.19	27.64	71.85	45.12	
5	790.63	83.98	50.69	29.38	
6	501.49	37.21	69.35	82.06	
7	671.35	16.32	91.73	65.16	
8	386.97	30.45	60.49	37.86	
9	248.66	88.78	70.34	13.64	
10	932.72	99.46	28.28	57.77	
11	854.24	62.59	12.12	13.21	
余额					

12. 综合应用题

（1）某企业 2017 年 12 月银行存款日记账如图表 3-19 所示，请运用珠算加减法完成每一行的余额。

表 3-19   银行存款日记账

单位:元

2017 年		凭证号数	摘 要	√	借 方	贷 方	余 额
月	日						
12	1		期初余额				9,275,551.20
	2	略	提现			5,000.00	
	3	略	支付电机材料货款			315,900.00	
	5	略	缴纳增值税费			12,900.00	
	10	略	收到 A 公司货款		409,500.00		
	12	略	支付燃料材料货款			260,676.00	
	19	略	收到 B 公司货款		480,000.00		
	20	略	支付电热元件货款			345,150.00	
	23	略	收到 C 公司货款		527,000.00		
	27	略	支付烤箱箱体材料款			473,850.00	
12	31		本月合计				

（2）某企业 2017 年 12 月利润表如表 3-20 所示，请运用珠算加减法完成利润表中"营业利润""利润总和"和"净利润"的计算。

表 3-20   利润表

2017 年 12 月

单位:元

项 目	行次	本年金额
一、营业收入		20,647,000
减：营业成本		16,500,000
税金及附加		143,000
销售费用		1,320,000
管理费用		495,000
财务费用		88,000
二、营业利润		
加：营业外收入		198,000
减：营业外支出		93,500
三、利润总额		
减：所得税费用		385,000
四、净利润		

13. 珠算加减法综合训练(普通五级卷如表 3-21 所示,限时 10 分钟,对 8 题五级合格)

表 3-21　　　　　　　珠算技术等级鉴定普通五级(加减算)

(限时 10 分钟)

(一)	(二)	(三)	(四)	(五)
4,253	927	796	1,826	697
789	408	254	−937	859
376	5,216	137	624	206
451	378	4,364	−748	3,571
3,267	659	789	927	−894
923	1,842	1,325	4,083	−375
2,084	579	468	2,397	286
365	654	7,035	−364	−8,693
634	397	685	967	4,302
5,802	4,031	932	479	547
496	392	2,837	3,018	−815
2,091	1,236	3,415	4,236	5,936
824	7,951	679	784	372
673	468	823	−167	193
329	194	542	725	4,927
(六)	(七)	(八)	(九)	(十)
641	1,754	193	273	396
7,308	978	9,037	4,206	753
567	469	892	−964	9,872
291	395	693	783	−184
456	782	4,291	1,604	976
4,039	6,503	685	593	−457
652	297	934	−3,042	861
1,309	4,369	7,305	863	972
781	178	671	−795	−4,081
3,912	294	236	821	5,928
473	3,096	1,893	4,236	−749
561	618	716	−563	−3,237
2,326	7,826	534	754	7,324
712	134	7,631	−3,908	268
946	728	592	276	543

14. 珠算加减法综合训练(普通四级卷如表 3-22 所示,限时 10 分钟,对 8 题四级合格)

表 3-22　　　　　　　　珠算技术等级鉴定普通四级(加减算)

(限时 10 分钟)

(一)	(二)	(三)	(四)	(五)
7,869	73,102	75,301	549	605
23,605	849	482,697	872	794
431	5,406	590,186	−168	8,103
502	781,329	3,427	7,206	−725
487,921	567	305	5,014	8,396
603	482,013	2,841	−369	−4,127
8,745	659	35,796	834	83,059
6,219	3,906	104	952,076	−146
605,478	4,589	826	3,841	972
912	213	9,753	−276,059	−5,038
5,063	906	401	14,308	64,127
874	7,854	9,628	−267	683,059
63,219	96,321	931	4,195	214
504	5,408	8,405	−83,076	4,607
7,891	723	627	2,591	−129,385
(六)	(七)	(八)	(九)	(十)
219,468	104	649	7,204	3,507
705	8,396	183,052	635	6,917
9,123	15,724	467	597	35,082
5,864	609	2,078	318,042	−964
852	780,253	6,803	958	4,109
906	4,796	523,147	−4,107	−368
7,316	45,106	92,503	623	527
85,703	724,387	817	984	872
703,219	4,251	9,514	−9,597	271
468	609	7,549	842,106	−8,503
6,076	2,783	362,807	79,065	46,917
912	256	4,159	−824	435,082
75,864	7,604	87,263	9,731	196
302	897	5,901	−56,043	−1,704
1,946	1,457	436	−8,137	−394,268

15. 珠算加减法综合训练(普通三级卷如表 3-23 所示,限时 10 分钟,对 8 题三级合格)

表 3-23　　　　　　　　珠算技术等级鉴定普通三级(加减算)

(限时 10 分钟)

(一)	(二)	(三)	(四)	(五)
85,414	42,623	1,304	1,239	5,145
5,829	859	745	−787	792,207
108,781	607,143	314,201	207,438	−24,052
50,283	10,721	78,379	69,192	61,415
96,158	5,634	2,912	−2,634	−651
956	968	77	856,706	809,891
520,183	741,509	402,961	38,802	37,608
69,302	28,716	84,672	−75,295	−7,653
3,673	6,394	4,812	374	768
762	978	108,698	−905,216	−902,483
304,916	842,720	50,653	40,168	40,398
70,649	34,913	98,569	9,316	4,346
4,457	7,505	574	145	697
739	506,218	205,353	−103,584	129,073
427,201	93,805	60,986	40,975	−52,381
(六)	(七)	(八)	(九)	(十)
317.87	94.46	97.28	67.91	1.39
8.45	4.56	3.86	4,886.02	8,094.34
5,306.25	2,032.85	2,607.86	−824.02	306.67
973.04	406.37	612.27	313.72	72.53
47.91	17.32	16.39	−7.58	−3.67
9.86	6.17	8,987.05	5,046.17	3,069.26
6,295.04	3,507.51	302.24	906.53	404.27
101.47	794.21	714.41	−48.45	−81.42
59.38	27.53	6.43	8.54	7.89
6.89	9,082.54	9,084.59	−6,307.96	−1,820.46
3,280.73	406.98	490.27	901.22	511.59
271.31	869.71	81.37	59.71	98.51
64.65	3.49	4.65	1.39	−7,084.97
4,021.22	1,018.98	1,035.53	7,860.54	265.08
809.65	502.38	595.1	−239.31	−615.25

16. 珠算加减法综合训练(普通一级卷如表 3-24 所示,限时 10 分钟,对 9 题一级合格)

表 3-24　　　　　　　　珠算技术等级鉴定普通一级(加减算)

(限时 10 分钟)

(一)	(二)	(三)	(四)	(五)
1,365	7,193,084	346,015	51,348	79,864,605
4,387,096	8,219	52,612,307	6,461,895	31,476
65,371,485	480,135	6,419	−8,197	−7,323,295
89,624	65,052,507	2,894,897	37,186,049	4,129
907,235	2,609	789,425	−725,631	−573,507
27,284,051	57,896	21,867,569	61,247	9,048
7,386	2,315,436	30,989	−7,403,569	30,479,359
28,093	495,678	4,609,273	658,028	8,035
60,835,749	68,428	4,065	7,094	−1,601,526
407,038	21,057,945	763,835	30,506,028	468,124
4,961,971	6,102	41,206	92,891	−78,038
68,149	43,130,769	75,028,019	−5,274,369	926,149
125,029	76,729	3,413	1,032	82,806,137
4,502	8,194,708	4,317,678	80,549,347	−21,821
6,135,137	423,314	10,528	−327,215	6,759,054

(六)	(七)	(八)	(九)	(十)
8,019.25	520,649.38	34.29	463.57	71,096.98
526.08	903.17	51,605.14	413,015.39	−3,540.87
21.31	53,246.54	837,595.32	8,121.09	472.85
6,949.47	4,207.68	206.04	−42,971.37	746,251.01
475,845.26	94.61	73,094.16	826.02	34.39
702.61	185,347.25	7,412.25	−9,215.46	−2,163.82
72,695.83	21,659.07	715.47	80.36	−79,430.21
64.34	219.74	3,418.98	514,016.73	541.05
80,289.19	9,379.04	92.85	−98,240.85	426,708.29
735,467.05	56.38	415,218.69	365.29	93.39
7,106.34	218.63	8,603.07	218,960.95	−58,406.17
282,380.59	67,093.28	90.72	20.39	1,689.75
86,319.35	62.08	534,768.28	−7,634.84	195,268.03
729.1	3,508.71	609.13	68,475.78	−68.47
47.01	715,098.13	76,938.05	37.05	953.02

【考核标准】

本实训考核标准如表 3-25 所示。

表 3-25　　　　　　　　　　　　　珠算加减法考核标准

时限	等级卷	正确题数	等级
10 分钟	普通三级卷	8	优秀
	普通四级卷	8	良好
	普通五级卷	8	合格

实训四　空盘前乘法

【实训目标】

通过实训,熟悉珠算空盘前乘法的计算方法和拨珠规律,并通过认真练习,掌握珠算空盘前乘法的运算。

【知识链接】

一、珠算乘法的种类

珠算乘法的种类很多,按不同的分类方法,有"置数乘法""空盘乘法""前乘法""后乘法""隔位乘法""不隔位乘法"等,在这些方法中,最简便、最容易掌握的是"空盘前乘法","空盘"是指被乘数和乘数均不打在算盘上,而将两者的乘积直接拨在算盘上;"前乘"是指乘数首先同被乘数的首位相乘,随后自左向右逐位相乘,直至乘完为止。本书所介绍的乘法就是"空盘前乘法"。

二、珠算乘法的口诀

乘法口诀有"大九九"和"小九九"之分,如表 3-26 所示。表 3-26 中黑粗线上方是"小九九"口诀,黑粗线下方是"大九九",共计 81 句。表 3-26 中第一个数字代表"乘数",第二个数字代表"被乘数",后面两个阿拉伯数字代表"乘积"。

珠算乘法运算中要求使用"大九九"口诀,要保持乘法次序一贯性,避免拨珠产生错误。如 2,746×5,应默记乘数 5,从被乘数首位来到末位(同一方向),即"五二 10""五七 35""五四 20""五六 30"。如用小九九口诀,则是"二五 10""五七 35""四五 20""五六 30",这样乘数与被乘数来回交换,容易产生漏乘和错杂的差错。

表 3-26 乘法大九九口诀表

口诀 乘数 \ 被乘数	一	二	三	四	五	六	七	八	九
一	一一 01	一二 02	一三 03	一四 04	一五 05	一六 06	一七 07	一八 08	一九 09
二	二一 02	二二 04	二三 06	二四 08	二五 10	二六 12	二七 14	二八 16	二九 18
三	三一 03	三二 06	三三 09	三四 12	三五 15	三六 18	三七 21	三八 24	三九 27
四	四一 04	四二 08	四三 12	四四 16	四五 20	四六 24	四七 28	四八 32	四九 36
五	五一 05	五二 10	五三 15	五四 20	五五 25	五六 30	五七 35	五八 40	五九 45
六	六一 06	六二 12	六三 18	六四 24	六五 30	六六 36	六七 42	六八 48	六九 54
七	七一 07	七二 14	七三 21	七四 28	七五 35	七六 42	七七 49	七八 56	七九 63
八	八一 08	八二 16	八三 24	八四 32	八五 40	八六 48	八七 56	八八 64	八九 72
九	九一 09	九二 18	九三 27	九四 36	九五 45	九六 56	九七 63	九八 72	九九 81

三、珠算乘法的读数

在读大九九口诀时,一律按 4 个字读:即"乘数——被乘数——积的十位数字——积的个位数字"。如"二三 06"读作"二三零六",不能读作"二三得六";"五八 40"读作"五八四零",不能读作"五八四十";"七八 56"读作"七八五六",不能读作"七八五十六"。这种读法叫"两位数记积法",这样能提醒在运算时"0"要占一个位置,有利于找准档位,防止加错位,也有利于提高计算速度。

大九九表根据积数有无"0"的情况,分为以下四种类型:

(1) $3 \times 5 = $(五三)15。

(2) $1 \times 5 = $(五一)05。

(3) $4 \times 5 = $(五四)20。

(4) $0 \times 5 = $(五零)00。

四、珠算乘法的定位

1. 数的定位

算盘上的定位,先要确定某个定位点作为小数点,小数点前向左依次为+1 位、+2 位、+3 位……,小数点后一位为 0 位,再向右依次为-1 位、-2 位……。在打算盘时,以数字的最高位在算盘上进行定位,即数字的位数。例如,8,530,最高位为+4 位,即 4 位数,用+4 位表示;8.53,为+1 位;0.853,为 0 位;0.0853,为-1 位,如表 3-27 所示。

表 3-27　　　　　　　　　　　　　　　数的定位

数	8,530	853	85.3	8.53	0.853	0.0853	0.00853	0.000853
定位	+4 位	+3 位	+2 位	+1 位	0 位	−1 位	−2 位	−3 位

2. 积的定位

珠算乘法的定位方法常见的有两种,即公式定位法和盘上定位法。盘上定位法又称固定个位档定位法,是根据公式定位法的原理派生出较简单的定位法。本书只介绍盘上定位法。

盘上定位法是在乘法运算之前,先在算盘上确定好积的小数点的位置,然后确定乘法的起拨档(定位),即确定乘积的位数,再将运算结果从高位到低位一一在算盘上表示出来。

按照"两位数记积法",乘积的定位公式为:

$$乘法的起拨档＝被乘数位数＋乘数位数$$

乘法的起拨档是指将乘积的首位拨入算盘的档位。

注意,乘积为一位数的,前面要加"0",读成两位。

例如:① 4×3＝12,乘积的起拨档为 1+1＝2,即从正 2 位档起拨入积数"12"。

② 4×1＝04,乘积的起拨档为 1+1＝2,即从正 2 位档起拨入积数"04"。

③ 0.4×3＝1.2,乘积的起拨档为 0+1＝1,即从正 1 位档起拨入积数"12"。

④ 0.04×0.3＝0.012,乘积的起拨档为 −1+0＝−1,即从负 1 位档起拨入积数"12"。

【技能指导】

一、一位数乘法

乘数是一位的乘法,叫做一位数乘法。计算时按盘上定位法,求出乘积的起拨档,默记乘数,目视被乘数,先与被乘数的首位数相乘,再与被乘数的第二位、第三位……直至被乘数末位数,边乘边递位迭加。

1. 确定起拨档

将乘积的首位积数按盘上定位法拨入相应的档位上。

$$乘法的起拨档＝被乘数的位数＋乘数的位数$$

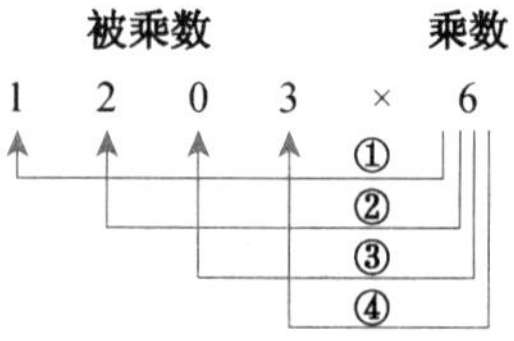

图 3-67　一位数乘算顺序

2. 运算顺序

乘的顺序为乘数分别依次与被乘数相乘,如图 3-67 所示,默记乘数 6,分别依次与被乘数 1、2、0、3 相乘。

3. 加积方法

珠算的乘法采用递位迭加的方法。从所确定的起拨档开始向右依次拨入乘积,边乘边迭位加积,乘完为止,如表 3-28 所示。

表 3-28 运算过程

项目	递位迭加					1,203×6				
档数	起拨档					+5	+4	+3	+2	+1
加积的档次	十位	个位				0	6			
		十位	个位				1	2		
			十位	个位				0	0	
				十位	个位				1	8
乘积	迭加	迭加	迭加	迭加	迭加	0	7	2	1	8

【例题 3-19】 $1,203×6=7,218$

（1）被乘数为正四位，乘数为正一位，乘积首位数的起拨档为 4＋1＝5，即正五位上起拨。用乘数 6 乘被乘数的第一位 1，六一 06。即从正五位乘加 06。具体如图 3-68 所示。

（2）用乘数 6 乘被乘数的第二位 2，六二 12。递位迭加，即从正四位乘加 12。具体如图 3-69 所示。

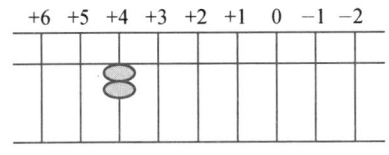

图 3-68 图示一

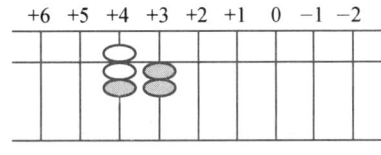

图 3-69 图示二

（3）用乘数 6 乘被乘数的第三位 0，六零 00。递位迭加，即从正三位乘加 00，盘面不变。具体如图 3-70 所示。

（4）用乘数 6 乘被乘数的末位数 3，六三 18。递位迭加，即从正二位乘加 18。具体如图 3-71 所示。

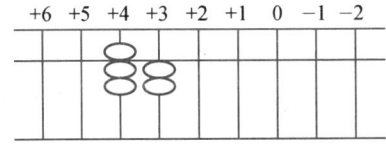

图 3-70 图示三

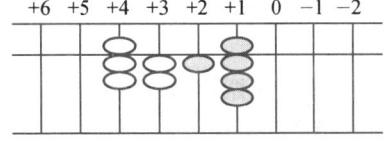

图 3-71 图示四

运算结果，盘上正一档就是乘积的个位，得数为 7,218。

二、多位数乘法

凡相乘的两个数都是多位数，叫多位数乘法。

1. 确定起拨档

将乘积的首位积数按盘上定位法拨入相应的档位上。

乘法的起拨档＝被乘数的位数＋乘数的位数

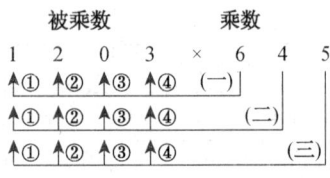

图 3-72　多位数成算顺序

2. 运算顺序

乘算时,要默记乘数,目视被乘数,手打积数。先用乘数的首位数与被乘数的各位数字相乘(由高位到低位),乘完后再用乘数的第二、第三位……同被乘数的各位相乘,直到乘完为止,如图 3-72 所示。一般将位数较少的数作为乘数,位数较多的数作为被乘数。

3. 加积方法

乘数有几位数,就要分几次进行加积步骤,乘数每一位相乘的起拨档都是前一位的后一档。

【例题 3-20】　$1,203 \times 645 = 775,935$(如表 3-29 所示)。

表 3-29　　　　　　　　　　　运算过程

			+7	+6	+5	+4	+3	+2	+1
	加积的档次		+7	+6	+5	+4	+3	+2	+1
运算过程	(1)6×	1	0	6					
		2		1	2				
		0			0	0			
		3				1	8		
	(2)4×	1		0	4				
		2			0	8			
		0				0	0		
		3					1	2	
	(3)5×	1			0	5			
		2				1	0		
		0					0	0	
		3						1	5
	乘积		0	7	7	5	9	3	5

(1)被乘数为正四位,乘数为正三位,乘数第一位的起拨档为 $4+3=7$,即正七位上起拨,用乘数的第一位 6 依次乘被乘数的每一位 1、2、0、3,并依次选加 06、12、00、18,如图 3-73 所示。

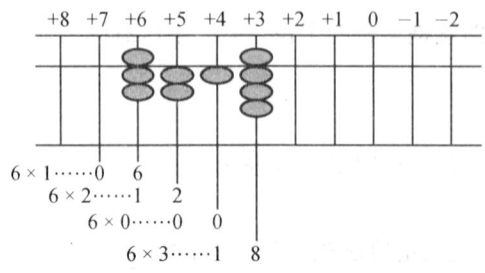

图 3-73　图示一

（2）用乘数的第二位 4 依次乘被乘数的每一位 1、2、0、3，起拨档退一位，即正六位起拨，并依次选加 04、08、00、12，如图 3-74 所示。

（3）用乘数的第三位 5 依次乘被乘数的每一位 1、2、0、3，起拨档再退一位，即正五位起拨，并依次选加 05、10、00、15，如图 3-75 所示。

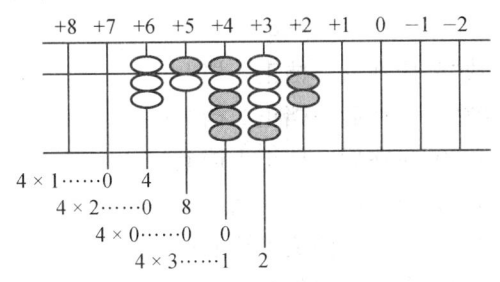

图 3-74　图示二

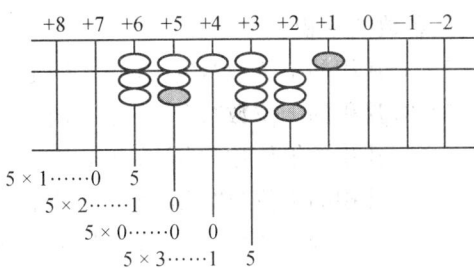

图 3-75　图示三

运算结果，盘上正一档就是乘积的个位，得数为 775,935。

【实训范例】

一、范例资料

某企业 2017 年 12 月的利润总额为 33,654.96 元，按照利润总额的 25%，计算所得税费用。

$33,654.96 \times 0.25 =$

二、操作步骤

步骤 1：确定起拨档。

被乘数的位数为 +5 位，乘数的位数为 0 位，则积数首位数的起拨档是 5+0=5 位，即从正 5 位档起拨入积的首位数。

步骤 2：运算顺序。

（1）默记首位乘数"2"，与被乘数 3,365,496 逐个依次相乘；

（2）默记第二位乘数"5"，与被乘数 3,365,496 逐个依次相乘。

步骤 3：加积数。

（1）用乘数首位"2"依次乘被乘数 3,365,496，从已确定的起拨档正 5 位开始向右依次拨入各数的乘积。

2×3，其积的十位数"0"应在正 5 档上，个位数"6"应在后一档正 4 档上；

2×3，其积的十位数"0"应在正 4 档上，个位数"6"应在后一档正 3 档上；

2×6，其积的十位数"1"应在正 3 档上，个位数"2"应在后一档正 2 档上；

2×5，其积的十位数"1"应在正 2 档上，个位数"0"应在后一档正 1 档上；

2×4,其积的十位数"0"应在正1档上,个位数"8"应在后一档0档上;

2×9,其积的十位数"1"应在0档上,个位数"8"应在后一档负1档上;

2×6,其积的十位数"1"应在负1档上,个位数"2"应在后一档负2档上。

乘积迭位依次相加得第一步积数06,730,992,如图3-76所示。

（2）用乘数第二位"5"依次乘被乘数3,365,496,从起拨档的后一位正4位开始向右依次拨入各数的乘积。

5×3,其积的十位数"1"应在正4档上,个位数"5"应在后一档正3档上;

5×3,其积的十位数"1"应在正3档上,个位数"5"应在后一档正2档上;

5×6,其积的十位数"3"应在正2档上,个位数"0"应在后一档正1档上;

5×5,其积的十位数"2"应在正1档上,个位数"5"应在后一档0档上;

5×4,其积的十位数"2"应在0档上,个位数"0"应在后一档负1档上;

5×9,其积的十位数"4"应负1档上,个位数"5"应在后一档负2档上;

5×6,其积的十位数"3"应在负2档上,个位数"0"应在后一档负3档上。

乘积迭位依次相加,得最后数值为0,841,374,如图3-77所示。

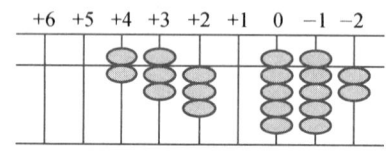

图3-76 图示一

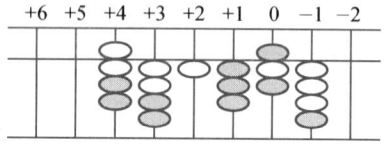

图3-77 图示二

步骤4:确定积数。

运算完毕,盘上正一档就是乘积的个位,则确定得数为8,413.74。

【技能实训】

1. 请在下列各数后面的括号内填上数的位数

(1) 0.00005(　　　)　　　　　(2) 43.78(　　　)

(3) 6.87(　　　)　　　　　(4) 45,873(　　　)

(5) 725,586,53.35(　　　)　　　　　(6) 0.24806(　　　)

(7) 84.74(　　　)　　　　　(8) 3.618(　　　)

(9) 0.20305(　　　)　　　　　(10) 85.0405(　　　)

(11) 279.3(　　　)　　　　　(12) 12.71(　　　)

(13) 0.00759(　　　)　　　　　(14) 190.005(　　　)

(15)40,037(　　　)　　　　　(16) 0.00074(　　　)

(17)0.010034(　　　)　　　　　(18) 3.767(　　　)

(19)68,300(　　　)　　　　　(20) 506,005(　　　)

2. 填写下列各数在不同位数下的数值(如表3-30所示)

表3-30   各数在不同位数下的数值表

位数\数值	+3	+2	+1	0	−1	−2	−3	−4
"4"	400			0.4			0.000 4	
"357"								
"5,026"								
"54,685"								
"82"								

3. 根据指定的位数确定下列各数的数值

(1) 538 正一位(   )

(2) 856 零位(   )

(3) 6,948 负一位(   )

(4) 6,024 零位(   )

(5) 1,293 正二位(   )

(6) 48 正四位(   )

(7) 8,534 负三位(   )

(8) 78 正三位(   )

(9) 1,385 正二位(   )

(10) 8 负二位(   )

4. 进行一位数乘法练习(取二位小数,以下四舍五入)

(1) $52 \times 5 =$

(2) $376 \times 0.7 =$

(3) $53,640 \times 9 =$

(4) $1,794 \times 8 =$

(5) $7.62 \times 0.3 =$

(6) $74.35 \times 6 =$

(7) $4,084 \times 6 =$

(8) $348.79 \times 9 =$

(9) $2,864.35 \times 7 =$

(10) $5,602 \times 3 =$

(11) $312 \times 3 =$

(12) $4,008 \times 0.7 =$

(13) $11,232 \times 4 =$

(14) $73,004 \times 8 =$

(15) $75.48 \times 3 =$

(16) $849.5 \times 7 =$

(17) $7,384 \times 6 =$

(18) $1,487 \times 3 =$

(19) $83,764 \times 8 =$

(20) $845 \times 8 =$

5. 进行多位数乘法练习(取二位小数,以下四舍五入)

(1) $83 \times 54 =$

(2) $478 \times 0.74 =$

(3) $73,482 \times 19 =$

(4) $507 \times 82 =$

(5) $39.16 \times 6.3 =$

(6) $12.56 \times 0.46 =$

(7) $1.879 \times 64.2 =$

(8) $4,028 \times 5.9 =$

(9) $350 \times 78 =$

(10) $674 \times 0.0023 =$

(11) $0.8264 \times 0.25 =$

(12) $1,765 \times 39 =$

(13) $56 \times 804 =$

(14) $65 \times 2,804 =$

(15) $387 \times 305 =$

(16) $576 \times 894 =$

(17) $76 \times 1,403 =$

(18) $9,804 \times 52 =$

(19) $3,948 \times 45 =$

(20) $0.0832 \times 27 =$

6．综合应用题

运用珠算乘法计算表3-31，各项三险一金均为"应付工资"乘以相关比例。

表3-31　　　　　　　　　　　企业计提三险一金计算表

部门	应付工资	住房公积金（7%）	养老保险金（22%）	医疗保险金（12%）	失业保险金（2%）
生产工人	68,700				
车间管理	9,260				
行政管理部门	26,100				
销售部门	20,500				

7．珠算乘法综合训练（普通五级卷如表3-32所示，限时5分钟，对8题五级合格）

表3-32　　　　　　　　　　珠算技术等级鉴定普通五级（乘算）

（限时5分钟，取二位小数，以下四舍五入）

(1)	47× 172=	(6)	73.6× 0.063=
(2)	653× 81=	(7)	853× 739=
(3)	38× 586=	(8)	91× 823=
(4)	953× 56=	(9)	1,085× 78=
(5)	29× 3,507=	(10)	62.7× 4.62=

8．珠算乘法综合训练（普通四级卷如表3-33所示，限时5分钟，对8题四级合格）

表3-33　　　　　　　　　　珠算技术等级鉴定普通四级（乘算）

（限时5分钟，取二位小数，以下四舍五入）

(1)	61× 3,829=	(6)	0.726× 2,605=
(2)	5,089× 73=	(7)	8,413× 92=
(3)	95× 6,815=	(8)	47× 9,564=
(4)	1,035× 57=	(9)	0.694× 1.48=
(5)	328× 496=	(10)	2,375× 491=

9．珠算乘法综合训练（普通三级卷如表3-34所示，限时5分钟，对8题三级合格）

表3-34　　　　　　　　　　珠算技术等级鉴定普通三级（乘算）

（限时5分钟，取二位小数，以下四舍五入）

(1)	0.78079× 8.06=	(6)	865× 9,178=
(2)	4,751× 508=	(7)	587× 632=
(3)	0.174× 213=	(8)	921× 10,319=
(4)	654× 345=	(9)	624× 7,096=
(5)	0.2824× 30.2=	(10)	396× 435=

10. 珠算乘法综合训练(普通一级卷如表 3-35 所示,限时 5 分钟,对 9 题一级合格)

表 3-35　　　　　　　珠算技术等级鉴定普通一级(乘算)

(限时 5 分钟,取二位小数,以下四舍五入)

(1)	8,403× 7,523=	(6)	94,501× 0.6372=
(2)	5,067× 14,309=	(7)	8,136× 5,247=
(3)	912.5× 84.67=	(8)	21,509× 3,684=
(4)	0.5612× 70.839=	(9)	490.6× 21.786=
(5)	4,176× 3,958=	(10)	938.2× 0.4056=

【考核标准】

本实训考核标准如表 3-36 所示。

表 3-36　　　　　　　　　珠算乘法考核标准

时限	等级卷	正确题数	等级
5 分钟	普通三级卷	8	优秀
	普通四级卷	8	良好
	普通五级卷	8	合格

实训五　隔位商除法

【实训目标】

通过实训,熟悉隔位商除法的计算方法和拨珠规律,并通过认真练习,掌握珠算隔位商除法的运算。

【知识链接】

一、珠算除法的种类

珠算除法的种类主要分为基本除法和其他除法两种,基本除法包括商除法和归除法,其中因商除法与笔算法基本相同,且具有易学易懂、计算速度快等优点,因此商除法是最为普遍推广的一种算法。隔位商除法,就是将商数与被除数在算盘上不相重叠。本书介绍隔位商除法。

二、珠算除法的定位

珠算除法的定位方法同样采用盘上定位法,则按照"两位数记积法",除法的定位公式为:

$$除法的起拨档＝被除数位数－除数位数－1$$

注意,除法中的起拨档是指将被除数的首位拨入的档位。

例如:

$4.25÷5＝0.85$,被除数的起拨档为$1－1－1＝－1$,即从负1位档起拨入被除数"4.25",然后再按隔位商除法将被除数拨入盘中;

$2,864÷64＝44.75$,被除数的起拨档为$4－2－1＝－1$,即从正1位档起拨入被除数"2,864",然后再按隔位商除法将被除数拨入盘中;

$2,864÷0.064＝44,750$,被除数的起拨档为$4－(－1)－1＝4$,即从正4位档起拨入被除数"2,864",然后再按隔位商除法将被除数拨入盘中;

$0.04÷0.1＝0.4$,被除数的起拨档为$(－1)－0－1＝－2$,即从负2位档起拨入被除数"0.04",然后再按隔位商除法将被除数拨入盘中。

【技能指导】

一、一位数除法

除数是一位数的除法,叫做一位数除法。

1. 置数

按盘上定位法,确定被除数首位数的起拨档,拨入算盘相应档位。

$$除法的起拨档＝被除数位数－除数位数－1$$

2. 估商

估商又称试商,就是用心算估计商数是几,即将除数从被除数头位起按九九口诀心算求出适当的商数(初商)。估商方法同笔算除法一样。

例如,$98÷2$,以除数"2"去试除被除数头位"9"$(9÷2)$,用九九口诀(四二08)接近"9",初商为4。

又如,$438÷6$,因被除数头位"4"不够除,则以除数6去试除被除数前两位"43"$(43÷6)$,用九九口诀(七六42)接近43,初商为7。

3. 立商

立商又称置商,是指把估商求得的商数应拨在被除数左前方的哪一档上。立商规则如下:

第一,被除数的首位数大于或等于除数的首位数(够除),商数置在被除数头位的左边第二档上(隔档置商)。

例如,$8÷2$,被除数首位"8"大于除数"2",初商"4"应放在被除数"8"的左前二档上,即初商"4"与被除数首位"8"隔一位,如图 3-78 所示。

又如,70÷7,被除数首位"7"等于除数"7",初商"1"应放在被除数"70"的左前二档上,即初商"1"与被除数首位"7"隔一位,如图 3-79 所示。

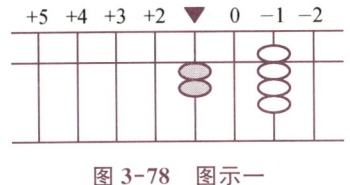 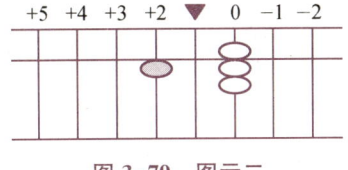

图 3-78 图示一　　　　　　　　图 3-79 图示二

第二,被除数的首位数小于除数的首位数(不够除),商数置在被除数头位的左边第一档上(前档置商)。

例如,28÷4,被除数首位"2"小于除数"4",以除数"4"去试除被除数前两位"28",初商"7"应放在被除数"28"的左前一档上,如图 3-80 所示。

4. 减商积

立商后,商数要同除数相乘,商积从商数后一档位起的被除数里减去。

例如,80÷2,被除数首位"8"大于除数"2",初商"4"应放在被除数"8"的左前二档上,然后在商数"4"的后一档减去商积"四二 08",如图 3-81 所示。

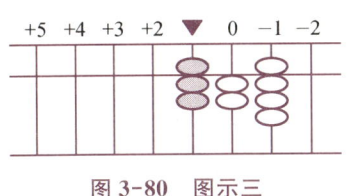 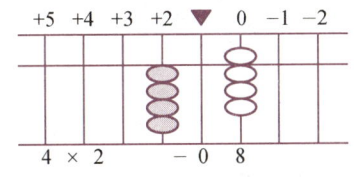

图 3-80 图示三　　　　　　　　图 3-81 图示四

又如,14÷7,被除数首位"1"小于除数"7",以除数"7"去试除被除数前两位"14",初商"2"应放在被除数"14"的左前一档上,然后在商数"2"的后一档减去商积"二七 14",如图3-82所示。

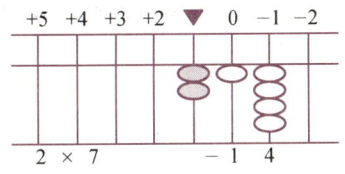

图 3-82 图示五

5. 递位减商

珠算的除法采用递位减商的方法,在得到第一位商之后,在第一位商的后一档,根据除数试除余数得到第二位商,再在第二位商的后一档得出第三位商,以此类推,递位减商。

【例题 3-21】 76,821÷3=25,607(如表 3-37 所示)

表 3-37　　　　　　　　　　　　　　　运算过程

76,821÷3=25,607							
运算说明	算盘显示						
	+6	+5	+4	+3	+2	+1	0	−1
(1) 起拨档=5−1−1=3,从+3 位拨 76,821 入盘。				七	六	八	二	一

（续表）

运算说明	算盘显示							
	+6	+5	+4	+3	+2	+1	0	−1
（2）7÷3 够除,隔档置商 2,减去 2×3＝06	2				一	六	八	二	一
（3）16÷3 不够除,前档置商 5,减去 5×3＝15	2	5			一		八	二	一
（4）18÷3 不够除,前档置商 6,减去 6×3＝18	2	5	6					二	一
（5）21÷3 不够除,前档置商 7,减去 7×3＝21	2	5	6		7				

（表头合并：76,821÷3＝25,607）

按照算盘商的个位,得到商数 25,607

（1）被除数为正五位,除数为正一位,则起拨档为 5－1－1＝3,即正三位上起拨被除数 76821,如图 3-83 所示。

（2）7÷3 够除,估商 2,隔档置商,故在正五位立商 2,并从商数后一档位起的被除数里减去商积 2×3＝06,如图 3-84 所示。

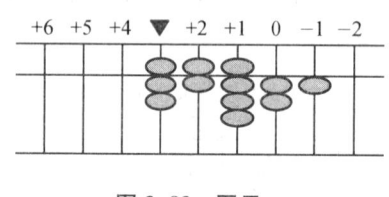

图 3-83　图示一

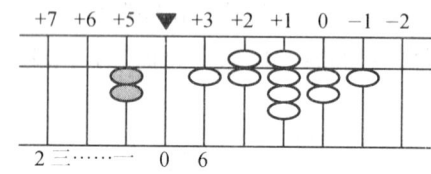

图 3-84　图示二

（3）16÷3 不够除,前档置商 5,并从商数后一档位起减去商积 5×3＝15,如图 3-85 所示。

（4）18÷3 不够除,前档置商 6,并从商数后一档位起减去商积 6×3＝18,如图 3-86 所示。

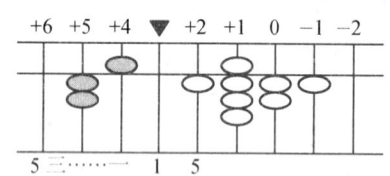

图 3-85　图示三

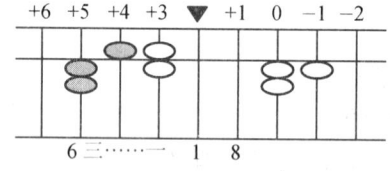

图 3-86　图示四

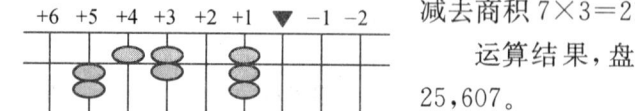

图 3-87　图示五

（5）21÷3 不够除,前档置商 7,并从商数后一档位起减去商积 7×3＝21,如图 3-87 所示。

运算结果,盘上正一档就是商的个位,得商数为 25,607。

二、多位数除法

除数是两位数或两位数以上的除法,叫做多位数除法。

1. 置数

按盘上定位法,确定被除数首位数的起拨档,拨入算盘相应档位。

除法的起拨档＝被除数位数－除数位数－1

2. 除算顺序

被除数与除数相除,采用"估商、立商、减商积"三个步骤求得第一个商数。再用被除数的余数与除数相除,用同样的三个步骤求得第二个商数,以此类推,直到计算完毕。

3. 立商

先比较被除数和除数的首位数字的大小,如首位相同,则需比较两数的第二位数字的大小,以此类推,然后按"够除隔档置商"或"不够除前档置商"的规则,确定立商的位置。

4. 递位减商

立商后,要作"乘减",将商数与各位除数相乘,并将商积从被除数(或余数)中递位递减,如图3-88所示。

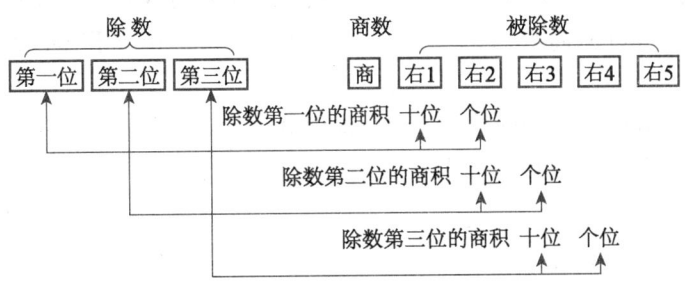

图 3-88 多位数除算顺序

除数的第一位和商数相乘之积的十位数从商数右边第一档起递减;

除数的第二位和商数相乘之积的十位数从商数右边第二档起递减;

以此类推,除数是第几位,它与商数相乘之积的十位数就从商数后边第几档起递减。

【例题 3-22】 42,796÷52＝823(如图 3-38 所示)

表 3-38 运算过程

运算说明	算盘显示							
	42,796÷52＝823							
	＋4	＋3	＋2	＋1	0	－1	－2	－3
(1) 起拨档＝5－2－1＝2,从＋2位拨42,796入盘。			四	二	七	九		
(2) 42÷5不够除,前档置商8,减去①8×5＝40 ②8×2＝16	8 8		二 一	七 一	九 九	六 六		
(3) 11÷5不够除,前档置商2,减去①2×5＝10 ②2×2＝04	8 8	2 2		一 一	九 五	六 六		
(4) 15÷5不够除,前档置商3,减去①3×5＝15 ②3×2＝06	8 8	2 2	3 3			六		
按照算盘商的个位,得到商数823								

（1）被除数为正五位，除数为正二位，则起拨档为 5－2－1＝2，即正二位上起拨被除数42796，如图 3-89 所示。

（2）42÷5 不够除，被除数的前档（＋3 档）置商 8。并从商数后一档位（＋2 档）起减去第一位商积 8×5＝40，再从商数后二档位（＋1 档）起减去第二位商积 16（8×2），如图 3-90所示。

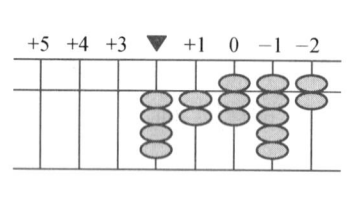

图 3-89　图示一

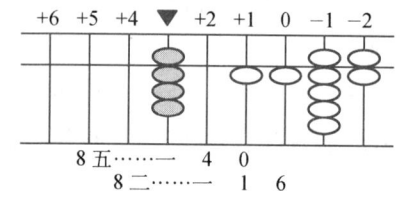

图 3-90　图示二

（3）11÷5 不够除，余数的前档（＋2 档）置商 2。并从商数后一档位（＋1 档）起减去第一位商积 2×5＝10，再从商数后二档位（0 档）起减去第二位商积 04（2×2），如图 3-91所示。

（4）15÷5 不够除，余数的前档（＋1 档）置商 3。并从商数后一档位（0 档）起减去第一位商积 15（3×5），再从商数后二档位（－1 档）起减去第二位商积 06（3×2），如图 3-92所示。

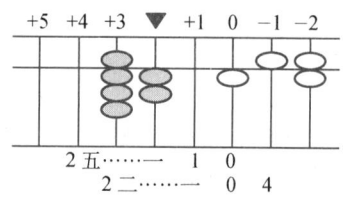

图 3-91　图示三

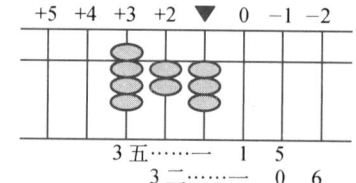

图 3-92　图示四

运算结果，盘上正一档就是商的个位，得商数为 823。

【实训范例】

一、范例资料

某企业为增值税一般纳税人，适用 13％税率，发生一笔销售收入价税合计为 40,950元，计算不含税价款。

39,550÷1.13＝

二、操作步骤

步骤 1:确定起拨档。

被除数的位数为＋5 位，除数的位数为＋1 位，则起拨档为 3（5－1－1），即从正 4 位档起拨入被除数 39,550,如图 3-93 所示。

步骤 2:递位减商。

(1) 5÷1 够除,被除数的隔档(+5 档)试商 4。发现不够除,此时重新置商 3。

① 从商数后一档位(+4 档)起减去第一位商积 03 (3×1)。

② 从商数后二档位(+3 档)起减去第二位商积 03(3×1)。

③ 从商数后三档位(+2 档)起减去第三位商积 09(3×3)。

具体如图 3-94 所示。

(2) 5÷1 够除,被除数的隔档(+4 档)置商 5。

① 从商数后一档位(+3 档)起减去第一位商积 05(5×1)。

② 从商数后二档位(+2 档)起减去第二位商积 05(5×1)。

③ 从商数后三档位(+12 档)起减去第三位商积 15(5×3)。

具体如图 3-95 所示。

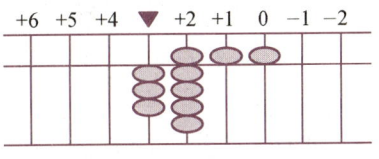

图 3-93 图示一

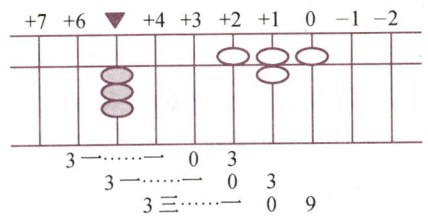

图 3-94 图示二

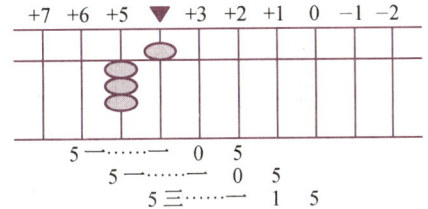

图 3-95 图示三

运算结果,盘上正一档就是商的个位,得商数为 35,000。

【技能实训】

1. 进行一位数除法练习(保留二位小数)

(1) 52÷5=

(2) 376÷0.2=

(3) 53,640÷9=

(4) 1,794÷8=

(5) 7.62÷0.3=

(6) 74.35÷5=

(7) 4,084÷6=

(8) 348.79÷4=

(9) 2,864.35÷7=

(10) 5,602÷8=

(11) 103,084÷2=

(12) 991,830÷7=

(13) 684,496÷0.02=

(14) 4,860,002÷0.07=

(15) 253,716÷3,000=

(16) 3,235,788÷0.9=

(17) 704,280÷0.05=

(18) 2,105,895÷5=

(19) 101.34÷0.6=

(20) 2,244,096÷3=

2. 进行多位数除法练习(保留二位小数)

(1) $192 \div 24 =$　　　　　　　　(2) $1,776 \div 0.74 =$

(3) $10,146 \div 19 =$　　　　　　(4) $492 \div 82 =$

(5) $529.2 \div 6.3 =$　　　　　　(6) $36.34 \div 0.46 =$

(7) $4.494 \div 64.2 =$　　　　　(8) $2,755.3 \div 5.9 =$

(9) $312 \div 78 =$　　　　　　　(10) $673.9 \div 0.0023 =$

(11) $41,067 \div 81 =$　　　　　(12) $73,224 \div 904 =$

(13) $1.7758 \div 4.92 =$　　　　(14) $1,890.05 \div 328 =$

(15) $74,893 \div 91 =$　　　　　(16) $10,557 \div 69 =$

(17) $1.6695 \div 1.78 =$　　　　(18) $345,408 \div 514 =$

(19) $139,590 \div 705 =$　　　(20) $2.3724 \div 3.05 =$

3. 综合应用题

(1) 某企业为增值税一般纳税人。6月3日,购入甲材料1,000千克,每千克30元,增值税专用发票上注明买价30,000元,增值税5,100元,价税合计35,100元,货款以商业汇票结算。6月8日,甲材料到达,验收时短缺8千克,是运输途中的合理损耗,甲材料按实际成本结转入库。计算该批甲材料的单位成本。

该批甲材料的单位成本 $= 30,000 \div 992 =$

(2) 某企业采用月末一次加权平均法计算材料成本。5月A材料购进和发出情况如下:5月1日A材料结存2,000元,数量为1,000千克;5月13日购入1,250元,数量为500千克;5月20日发出800千克。计算A材料的加权平均单价。

A材料的加权平均单价 $= 3,250 \div 1,500 =$

4. 珠算除法综合训练(普通五级卷如表3-39所示,限时5分钟,对8题五级合格)

表3-39　　　　　　　珠算技术等级鉴定普通五级(除算)

(限时5分钟,取二位小数,以下四舍五入)

(1)	$4,845 \div$	$57 =$	(6)	$0.0485 \div$	$0.068 =$
(2)	$31,578 \div$	$831 =$	(7)	$1,206 \div$	$18 =$
(3)	$644 \div$	$46 =$	(8)	$25,296 \div$	$62 =$
(4)	$23,751 \div$	$39 =$	(9)	$23,504 \div$	$904 =$
(5)	$3,869 \div$	$73 =$	(10)	$34.286 \div$	$3.5 =$

5. 珠算除法综合训练(普通四级卷表3-40所示,限时5分钟,对8题四级合格)

表3-40　　　　　　　珠算技术等级鉴定普通四级(除算)

(限时5分钟,取二位小数,以下四舍五入)

(1)	$5,715 \div$	$15 =$	(6)	$46,574 \div$	$803 =$
(2)	$85,652 \div$	$437 =$	(7)	$37,728 \div$	$524 =$
(3)	$20,292 \div$	$76 =$	(8)	$31.3747 \div$	$9.06 =$
(4)	$28,845 \div$	$641 =$	(9)	$249,095 \div$	$647 =$
(5)	$0.2657 \div$	$0.092 =$	(10)	$264,286 \div$	$293 =$

6. 珠算除法综合训练(普通三级卷表 3-41 所示,限时 5 分钟,对 8 题三级合格)

表 3-41　　　　　珠算技术等级鉴定普通三级(除算)

(限时 5 分钟,取二位小数,以下四舍五入)

(1)	7,813,602÷ 863=	(6)	24,219÷ 117=
(2)	363,584÷ 598=	(7)	1,679.733÷ 722=
(3)	1,511.0392÷ 341=	(8)	400,862÷ 1,918=
(4)	2,586.0672÷ 456=	(9)	618,240÷ 768=
(5)	155,011÷ 379=	(10)	323,541÷ 521=

7. 珠算除法综合训练(普通一级卷表 3-42 所示,限时 5 分钟,对 9 题一级合格)

表 3-42　　　　　珠算技术等级鉴定普通一级(除算)

(限时 5 分钟,取二位小数,以下四舍五入)

(1)	1,930,656÷ 357=	(6)	7,128,345÷ 16,387=
(2)	2,549,615÷ 6,085=	(7)	2,498,628÷ 276=
(3)	462,329.66÷ 71,902=	(8)	27,115,712÷ 872=
(4)	22,108,248÷ 513=	(9)	38,460.15÷ 9,201=
(5)	142.2076÷ 4.78=	(10)	7,703.62÷ 2,918=

【考核标准】

本实训考核标准如表 3-43 所示。

表 3-43　　　　　　　　珠算除法考核标准

时限	等级卷	正确题数	等级
5 分钟	普通三级卷	8	优秀
	普通四级卷	8	良好
	普通五级卷	8	合格

项目四
录入技能

在计算机迅速发展的今天，实现财务电算化是一种趋势，财务数据的计算机录入技能成为了必备技能。虽然计算机自动化程度相当高，但财务软件更多的是处理规律化的数据处理和财务数据分析，而对于日常的、基本的数据计算，仍需要使用计算器这个小巧、便捷的计算工具。计算机、计算器与珠算等计算工具，功能各有所长，适用范围和场合也各有不同，因此，我们需要掌握这些基本技能，使各种计算工具的长处都能得到恰到好处地运用。

知识目标

1. 熟悉计算器的功能
2. 熟悉小键盘数字录入的指法
3. 掌握票币计算的方法

技能目标

1. 正确掌握计算器及小键盘数字录入的指法
2. 熟练掌握翻打传票的技巧
3. 熟练掌握票币计算的技巧

实训一　计算器的使用

【实训目标】

通过实训,了解计算器的基本功能及使用与维护,掌握计算器录入的基本技能,能够快速、准确地进行计算器数学计算。

【知识链接】

一、认识计算器

计算器是一种计算录入速度快、价格低、小巧、便于携带的计算工具,在财会工作中,对各类单据、凭证进行汇总计算方便而准确,因此在日常工作中被广泛使用。

从外形分,计算器有台式、便携式和超小型等;从用途分,计算器有一般型、函数型、程序型、钟表型和专用型等;从数字显示的方式分,计算器有荧光显示和液晶显示等。

适合财经人员运用的台式计算器一般为简单计算器。常用的简单计算器主要分为一般型计算器和函数型计算器。在日常财经工作中,财经人员使用一般型电子计算器即可。图 4-1 为 TRNFA TR-300ML 计算器。

二、计算器的按键功能

计算器靠手指击键输入各种信息,利用按键来进行各种操作。尽管不同的计算器按键的个数及排列的位置有所不同,但简单型电子计算器的外部结构都包括了电源开关键、输入键、运算功能键、等号键、累计显示键、清除键等。

图 4-1　TRNFA TR-300 ML 计算器

1. 电源开关键

① "ON":电源开关,开启键。其功能是接通电源。按下此键后,显示屏显示出"0"。

② "OFF":关闭电源,关闭键。其功能是切断电源。按下此键后,关闭电源,显示屏关闭。有的计算器是太阳能的,当计算器停止使用 8 分钟后,就自动关闭电源,因此没有此键。

2. 输入键

用于输入各种数字符号,它是计算器上主要的键。

① "0""1""2"…"8""9":数字键用来输入计算时需要的数字。输入顺序是从高位到低位依次输入,每按一键,输入一位数字。

②"00""000":快速增"0"键。按一下,同时出现 2 个或 3 个"0"。

③".":小数点键,用来输入小数。

④"+/-":正负数转换键,用来输入数字的符号,使输入的数字改变正负。输入负数时,先输入数字的绝对值,再按符号键即可。

3. 运算功能键

运算功能键是进行加、减、乘、除算术四则运算的按键。加、减、乘、除、开方键在计算时都可以代替等号键。

①"+":加法键,进行基本加法和连加的运算。

②"-":减法键,进行基本减法和连减的运算。

③"×":乘法键,进行基本乘法和连乘的运算。

④"÷":除法键,进行基本除法和连除的运算。

⑤"√":开平方键,用来进行开平方运算。先输入数字,再按下此键,不必按等号键即可得出结果。

4. 等号键

"=":等号键。在两项数字进行相加、相减、相乘、相除或其他运算后按此键,可得出计算结果。

5. 清除键

①"C":清除键。如果是太阳能计算器,在计算器关闭状态下,按此键则开启电源,显示屏显示出"0"。

②"AC":全部清除键,也叫总清除键。其功能是将显示屏所显示的数字全部清除。

③"→":右移键。其功能是荧屏值向右位移,删除最右边尾数。

④"CE":部分清除键,也叫更正键。其功能是清除当前输入的数字,而不清除以前输入的数。如刚输入的数字有误,立即按此键可清除,待输入正确的数字后,原运算继续进行。值得注意的是,在输入数字之后,按"+""-""×""÷"键的,再按"CE"键时,数字不能清除。

⑤"MC":累计清除键,也叫记忆式清除键。其功能是清除累计数时,只清除存储器中的数字,而不清除显示器上的数字。

6. 累计显示键

①"M+":记忆加法键,也叫累加键。其功能是将输入的数或中间计算结果进行累加,可加上屏幕上数值并独立记忆。

②"M-":记忆减法键,也叫累减键。其功能是将输入的数或中间计算结果进行累减,可减去屏幕上数值并独立记忆。

7. 存储读出键

①"MR":存储读出键。按下此键后,可使存储在"M+"或"M-"中的数字显示出来,或同时参加运算,数字仍保存在存储器中,在未按"MC"键以前有效。

②"MRC":存储读出和清除键。按一次显示存储数,按第 2 次清除存储数。

③"GT":总和计算键。按下"="或"%"键,结果会累计在总和中,按一次可显示总和,如果连续按 2 次,可清除总和。

8. 损益运算键

"MU":损益运算键。

9. 显示屏

显示屏在计算器的上方,一般为液晶显示,用于显示输入的数据、计算公式、标点符号和运算结果。它说明计算器当前的工作状态和性质。由于各种功能融为一体,在显示屏上除了显示各种数据和运算结果外,还显示有关符号所表示的状态记号。

① ",":分节号,表示 3 位数分离符,只对整数部分有效。

② "GT":总和记忆指示符。

③ "M":独立记忆指示符,表示计算器内储存了一些数字。

④ "E":错误指示符。

⑤ "—":负值指示符。

⑥ ERROR 记号:当答案容量超过屏幕位数时,屏幕会出现 ERROR 记号。按"AC"键时,可清除所有数值;按"C"键时,清除"ERROR"记号,但屏幕上的数值仍可继续使用,且"MR"和"GT"值仍存在。

10. 开关说明

① "↑":无条件进位键。

② "5/4":四舍五入键。

③ "↓":无条件舍去键。

④ 小数位数选择:单组开关除置于"F"位置外均设定为 2 位小数。

"F":代表浮动小数。

"4、3、2、0":代表小数点以后取 4 位数、3 位数、2 位数、0 位数。

"A(ADD2)":当开关设定于"A"时,表示小数已自动设定为 2 位数。如输入"9"显示结果为"0.09",可作加法、减法之连算,但对乘法、除法无效。若输入小数点"."键,则以该小数点指示位置为准。

⑤ "GT.":总和记忆开关。将总和记忆开关设定在"GT"位置上,即可开启总和记忆。将其移至"."的位置上,即可关闭总和记忆。

11. 电源自动关闭

太阳能计算器约 8 分钟内不再使用时,电源将自动关闭。

三、计算器的维护

1. 计算器的日常维护

在使用计算器之前应仔细阅读说明书,了解计算器的使用环境和条件,如温度、湿度等具体要求,正确的维护可以延长计算器的使用寿命。计算器一般要求防摔、防压、防震、防潮、防尘、防高温、防金属粉末的侵入,以免发生电路短路。

2. 计算器的能源维护

使用时要了解计算器电池的规格及性能,检查电池的电量。如果显示屏显示的数字明显暗淡,则电量不足,会造成计算错误。停止使用时,注意及时按关闭键,节省用电。如果长期不使用,应取出电池;否则,电池腐蚀,会造成计算器的损坏。

【技能指导】

一、准备工作

在使用计算器前,首先要知道计算器的类型。对于不熟悉的计算器,要仔细阅读说明书,掌握其功能、符号及操作方法。

某些计算器按照法则运算,即可以自己按照数的运算规则进行运算;而另外一些则是按照顺序运算,即按照输入数据和符号的顺序进行运算,其运算结果与按照法则运算完全不同。因此,用户可以通过一个简单的试验,如输入算式"2+4×3="进行计算,就可判断计算器的运算规律。目前,市场上流行的计算器多数是按照顺序运算的。

算数运算法则是,先括号内运算,再乘除运算,最后加减运算。因此,遇到按照顺序运算的计算器,计算前要进行分析,按照算术运算法则,应考虑将先要得出结果的部分输入,得出结果后再参加下一部分运算;有时也可以将优先运算的加入括号;也可以分段运算。在运算中,要充分利用计算器的存储功能进行操作。

二、操作要领

1. 计算器的放置

使用计算器时,计算器在桌面放置平稳,放于右手边感觉舒适的地方,左手翻阅传票或资料,右手进行计算器数字录入。计算资料要紧挨计算器,便于计算。计算器位置放好后,不要随意移动,以免按键时晃动和滑动,影响速度和准确率。

2. 坐姿

进行运算时,须将身体坐正,双腿自然放平,腰要直,头稍低,坐姿要自然、舒适,眼睛俯视单据上的数据等。

3. 握笔姿势

为了在运算过程中省去拿笔放笔的时间,提高计算效率,可以选择右手握笔。将笔横握于右手掌心,用无名指和小指夹住笔,笔尖在外,笔杆的上端伸出虎口,如图4-2所示。

4. 基本键位

图4-2 握笔姿势

准备录入时,右手自然放在计算器上,手腕和手肘成一条直线,手掌呈半握拳状态。右手手指在小键盘上的起始位置为,食指对应"4",中指对应"5",无名指对应"6",大拇指指对应"0",小指对应"+"。

5. 正确指法

右手在计算器上按键时,起始位置在"4""5""6"上,击打其他数字时上下移动。计算器使用时要放置平稳,防止按键时晃动而导致未按或重复按键的情况。

进行计算器运算时,不要将手腕搁于桌面上,以免因手腕与桌面的摩擦影响准确性和速度。按键时用力要轻重适度,用力过轻容易导致没有输入,用力过重可能导致计算器损坏。动作幅度不宜太大,手指尽量贴在键面上;也不要久按一个键不放,不能用手指或钢笔敲击键盘,以防止计算器按键的损坏和数据的丢失。在录入过程中,要注意按键的节奏,不可同时按动两个键,以免发生计算器故障。

计算器录入的正确指法为:

食指控制"1""4""7"键等区域;

中指控制"00""2""5""8"键等区域;

无名指控制"3""6""9"键和"."(小数点)键等区域;

大拇指控制"0"键等区域;

小拇指控制"＋""－""×""÷""＝"键等区域;

其余按键因使用频率不高可由食指或习惯的手指负责,如图4-3所示。

运算时,要集中精力,做到眼到手到,强调手、眼、脑的协调配合,注意指法分配和定位准确,掌握好节奏,不要时快时慢甚至停顿,要做到动作连贯,一气呵成。当基本指法练熟后,逐步从左看数据、右看键盘,变为尽量只看数据、少看或不看键盘,实现"盲打"。

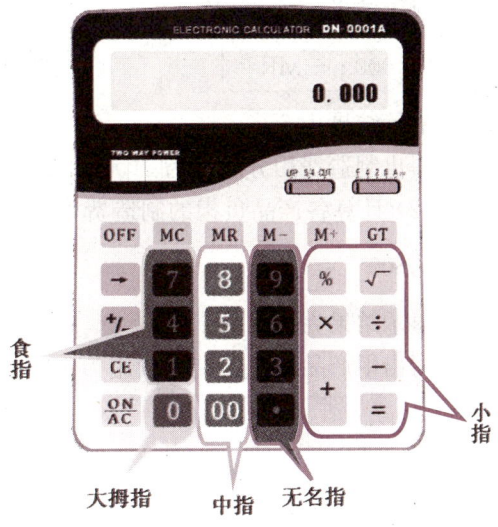

图4-3 计算器指法分布

6. 清除键的使用

在运算时要灵活使用清除键。因为它在修改时起很大作用,避免重新输入,从而节省时间。每次运算前,要清除计算器里的数据,按一下清除键"ON/C"。有的计算器把这个键记作"AC"或"C"。在计算过程中,如发现刚输入的一个数字有误,可按右移键"→"清除;如发现刚输入的数据有误,在没有按运算符以前,可按局部清除键"CE",这时显示屏上的显示为"0",而先前输入的数据和运算仍保持有效,然后再输入正确数据。

【实训范例】

一、范例资料

某企业第一基本生产车间同时生产甲乙两种产品。本月共发生制造费用 24,000 元,甲产品生产工时为 3,600 小时,乙产品生产工时为 1,200 小时。请按工时比例分配制造费用。

二、操作步骤

步骤 1:摆平计算器。

将计算器平放于桌面,运算资料放于计算器左侧,进行运算。

步骤 2:端坐运算。

将身体坐正,右手执笔进行输入运算。

(1)计算制造费用分配率:

AC 3,600 ＋ 1,200 M＋

显示结果为 4,800;

24,000 $\boxed{\div MR =}$

显示结果为 5。

得出制造费用分配率为 5(元/小时)

(2) 计算各产品负担的制造费用:

3,600 $\boxed{\times}$ 5 $\boxed{=}$

显示结果为 18,000;

得出甲产品负担的制造费用为 18,000(元)。

1,200 $\boxed{\times}$ 5 $\boxed{=}$

显示结果为 6,000;

得出乙产品负担的制造费用为 6,000(元)。

步骤 3:写答案。

将运算结果记载在运算纸上。

【技能实训】

1. 分指练习

147＋147＋…＋147 连加 10 次再减 10 次最后归 0。

258＋258＋…＋258 连加 10 次再减 10 次最后归 0。

369＋369＋…＋369 连加 10 次再减 10 次最后归 0。

2. 混合练习

159＋159＋…＋159 连加 10 次再减 10 次最后归 0。

357＋357＋…＋357 连加 10 次再减 10 次最后归 0。

13,579＋13,579＋…＋13,579 连加 10 次再减 10 次最后归 0。

24,680＋24,680＋…＋24,680 连加 10 次再减 10 次最后归 0。

3. 连加 9 次练习

123,456,789＋1,234,567,89＋…＋123,456,789＝1,111,111,101。

1,234,567,890＋1,234,567,890＋…＋1,234,567,890＝11,111,111,010。

9,876,543,210＋9,876,543,210＋…＋9,876,543,210＝88,888,888,890。

4. 打百子练习

1＋2＋3＋…＋99＋100＝5,050。

5,050－1－2－3－…－100＝0。

加百字达标速度标准:80～100 秒为及格;60～79 秒为良好;60 秒以下为优秀。

减百字达标速度标准:120～140 秒为及格;90～119 秒为良好;90 秒以下为优秀。

打百字练习如表 4-1 所示。

表 4-1 　　　　　　　　　　　　　　　打百字练习表

加到的数	10	20	30	40	50	60	70	80	90	100
和	55	210	465	820	1,275	1,830	2,485	3,240	4,095	5,050
减到的数	10	20	30	40	50	60	70	80	90	100
差	4,995	4,840	4,585	4,230	3,775	3,220	2,565	1,810	955	0

5. 用电子计算器计算下列各题(保留 2 位小数)

(1) $(6,310-2,075)\times(9,306-1,247)=$

(2) $(45.217\div0.0589)-(65.809\div0.9516)=$

(3) $(21,647,358+39,299,970)\div(83,450-2,618)=$

(4) $(825.136+794.864)\times(50,792-943)=$

(5) $13,698,639\div4,617+3,725\times7,642=$

(6) $7,345\times8,936-2,961\times4,735=$

(7) $(369.741\times68.053)\div(10.567\times0.3791)=$

(8) $4,620\times7,934-37,621,884\div7,582=$

(9) $8^7=$

(10) $72-36+41\times58-96\div12=$

6. 综合应用题

(1) 某企业购入甲、乙两种材料各一批,增值税专用发票上注明甲材料 100 吨,每吨 50 元,增值税额为 850 元;乙材料 200 吨,每吨 10 元,增值税额为 340 元,甲、乙两种材料价税合计 8,190 元。另收到运杂费凭证(普通发票)一张 600 元。计算甲、乙两材料应负担的采购费用(采购费用按重量比例分配)。

甲材料应负担的采购费用=50×100+600÷(100+200)×100=

乙材料应负担的采购费用=10×200+600÷(100+200)×200=

(2) 某卷烟生产企业为增值税一般纳税人,2017 年 2 月销售乙类卷烟 1,500 标准条,取得含增值税销售额 87,750 元,增值税税率为 13%。已知乙类卷烟消费税比例税率为 36%,定额税率为 0.003 元/支,每标准条有 200 支。计算该企业当月应纳消费税。

应纳消费税=87,750÷(1+13%)×36%+1,500×200×0.003=

(3) 某化妆品企业 2017 年 3 月受托为某商场加工一批高档化妆品,收取不含增值税的加工费 13 万元,商场提供的原材料金额为 50 万元。已知该化妆品企业无同类产品销售价格,消费税税率为 30%。计算该化妆品企业应代收代交的消费税。

应代收代交消费税=(50+13)÷(1-30%)×30%=

(4) 2017 年我国某作家出版一部长篇小说,2 月收到预付稿酬 20,000 元,4 月小说正式出版又取得稿酬 30,000 元;10 月将小说手稿在境外某国公开拍卖,取得收入 100,000 元,并按该国有关规定交纳了个人所得税 10,000 元。计算该作家上述所得在中国境内应交纳的个人所得税。

应交纳个人所得税＝（20,000＋30,000）×（1－20％）×20％×（1－30％）＋
100,000×（1－20％）×20％－10,000＝

7. 账表算试题（一）

账表算试题（一）如表4-2所示。

表4-2 　　　　　　　　　　账表算试题（一）

题号	（一）	（二）	（三）	（四）	（五）	合计
1	5,469,237	8,753	68,102	5,749,361	98,316,407	
2	245,801	82,304,671	5,903	63,197	7,925,846	
3	79,013	7,459,326	40,173,698	8,502	−468,521	
4	5,286	805,412	2,764,539	80,169,734	71,039	
5	93,746,061	61,098	481,725	3,752,649	5,203	
6	24,591	21,348,075	9,806	−703,826	4,137,659	
7	70,412,386	802,796	32,145	458,102	5,098	
8	752,409	5,739,641	30,291,758	6,047	26,831	
9	5,918,376	3,406	706,842	32,159	90,841,752	
10	3,068	25,891	3,614,795	21,478,905	276,304	
11	87,605,943	6,382,105	8,176	−571,249	39,042	
12	28,594	9,713	706,314	70,954,862	6,028,315	
13	3,452,107	401,672	25,094,673	43,186	5,789	
14	6,137	95,730,648	49,258	9,203,518	401,276	
15	706,412	45,298	9,801,532	7,063	87,645,913	
16	62,307	9,152,076	4,835	80,194,762	−981,453	
17	965,813	4,138	28,769,401	65,207	7,305,294	
18	4,198	63,207	543,981	3,057,612	84,095,672	
19	84,597,206	517,849	6,312,057	9,834	30,216	
20	9,230,815	82,309,465	67,902	498,153	6,781	
合计						

8. 账表算试题（二）

账表算试题（二）如表4-3所示。

表 4-3　　　　　　　　　　　　　　账表算试题(二)

题号	(一)	(二)	(三)	(四)	(五)	合计
1	3,927,608	19,724,853	602,148	50,934	6,715	
2	602,154	6,075	95,387,412	3,962,081	94,873	
3	98,352,641	48,319	7,302	476,105	5,976,028	
4	74,813	206,945	3,076,519	−7,628	40,832,519	
5	9,075	3,872,061	64,895	95,124,783	−306,421	
6	97,825,316	4,019	2,560,783	904,815	47,632	
7	9,104	891,405	63,527	7,684,203	73,192,586	
8	2,407,368	52,736	4,109	82,193,657	819,054	
9	58,746	73,925,618	891,053	−2,903	2,407,163	
10	901,325	8,064,237	42,963,718	75,614	8,507	
11	579,604	78,605,941	25,189	8,473	60,241,379	
12	86,423	10,249,387	8,163,925	415,709	7,605	
13	7,091	84,512	304,679	50,732,332	5,813,296	
14	30,215,879	435,769	6,406	3,698,201	−42,185	
15	6,143,582	7,609	70,834,215	91,652	394,708	
16	403,157	6,283,417	9,058	57,086,921	63,924	
17	82,496	915,304	57,618,023	6,198,734	2,057	
18	3,502	28,679	6,139,478	−241,503	76,019,485	
19	5,803,612	3,052	421,305	87,629	4,367,198	
20	9,182,637	15,068,749	92,746	3,405	852,031	
合计						

【考核标准】

本实训考核标准如表 4-4 所示。

表 4-4　　　　　　　　　　　　　计算器数字录入考核标准

优秀	良好	合格
260 个数/分钟	200 个数/分钟	160 个数/分钟

实训二　小键盘数字录入

【实训目标】

通过实训,掌握小键盘数字录入的正确指法和基本技能,能够快速、准确地进行小键盘数字录入。

【知识链接】

在日常工作中,人们通常利用电脑系统更有效地完成经济业务,这就要求工作人员必须先将准确的数据输入到电脑系统中。小键盘数字录入就是通过电脑的小键盘数字键进行数字的录入,数字录入中正确的指法直接影响数字输入的速度和准确率,因此我们必须按照正确的指法进行操作训练,达到快速、高效的目的。

小键盘区也称为辅助键盘区,位于键盘的最右侧,主要用于大量数字的输入。该区的大部分按键具有双重功能:一是代表数字和小数点;二是代表某种编辑功能。利用该区左角的"NumLock"数字锁定键,可在两种功能之间进行转换,如图4-4所示。

图4-4　计算机键盘

【技能指导】

一、准备姿势

小键盘录入时,须将身体坐正,双腿自然放平,左手翻阅传票或资料,右手进行小键盘数字录入。

数字录入前,保证"NumLock"指示灯为亮起状态。

准备录入时,右手自然放在小键盘上,肩放平,手腕不能靠在键盘边或桌边,手腕与手掌呈一条线,手腕不要翘起,手掌呈半握拳状态。

右手手指在小键盘上的基本位置为,食指对应"4",中指对应"5",无名指对应"6",大拇指指对应"0",小指对应"Enter"。

二、正确指法

右手在敲击小键盘时,起始位置在"4""5""6"上,敲击其他数字时上、下移动,每个区域都由一个手指负责,要明确分工,互不侵犯,整个手纵向移动,不要左、右偏移,这样可以避免各手指左右打错。

敲击键盘时需注意手腕凌空,不可搁置在桌边,否则影响准确性和速度。

手指击键时,要保持弯曲拱起,用指尖而非指肚,是击键而非按键,力度要适中,同时注意手指的弹跳不要太高。

小键盘录入的正确指法为:

食指负责录入"1""4""7"键和"NumLock"键;

中指负责录入"2""5""8"键和"/"键;

无名指负责录入"3""6""9""＊"键和"."(小数点)键;

小拇指负责录入"－""+""Enter"键;

大拇指负责录入"0"键。

具体如图4-5所示。

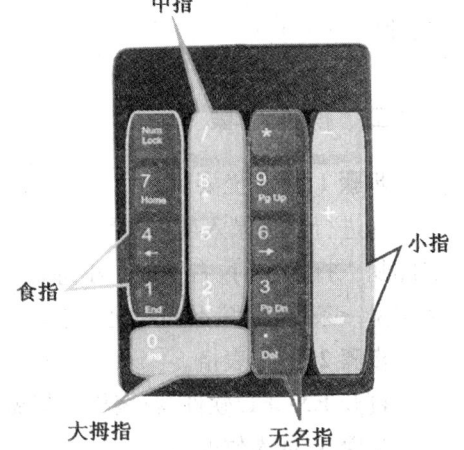

图4-5 小键盘指法分布

【实训范例】

一、范例资料

某公司2015年11月30日总分类账户余额(见表4-5)如下,请在EXCEL中编制表格,并录入数据。最后利用EXCEL公式计算各合计数,验证录入正确情况。

表4-5 总分类账账户余额表 单位:元

账户名称	借方余额		账户名称	贷方余额	
	年初数	期末数		年初数	期末数
库存现金	9,856	8,945	短期借款	6,000,000	3,350,000
银行存款	6,966,944	20,493,410	累计折旧	11,999,700	14,280,000
应收票据	400,000	150,000	累计摊销	1,225,000	1,500,000
应收账款	568,000	400,000	应付票据	315,000	148,000
预付账款	0	68,000	应付账款	25,000	180,000
其他应收款	500	1,000	其他应付款	0	6,800
原材料	650,800	471,900	应付职工薪酬	215,500	215,625

(续表)

账户名称	借方余额		账户名称	贷方余额	
	年初数	期末数		年初数	期末数
低值易耗品	41,000	30,000	应交税费	12,900	128,680
库存商品	3,264,500	1,690,000			
长期股权投资	504,000	504,000	实收资本	30,000,000	30,000,000
固定资产	34,550,000	34,550,000	资本公积	800,000	800,000
无形资产	3,000,000	3,000,000	盈余公积	1,450,000	1,450,000
生产成本	689,500	522,490	利润分配	11,000,000	26,004,600
在建工程	12,398,000	16,173,960			
合计			合计		

二、操作步骤

步骤 1：调整坐姿。

在进行数据录入前，先要调整好坐姿。身体坐正，不要往左或往右倾斜，腿放平，不要跷二郎腿。打数字时，右手放在小键盘上，肩放平，不要右肩偏高。手腕不要靠在桌上，手腕与手掌呈一条线，手腕不要翘起。手掌与小键盘纵向保持一致，不要有倾斜角度。

步骤 2：制作表格。

打开 EXCEL 软件，将表格框架做好，输入相应的中文。

步骤 3：录入数据。

以列为单位录入数据，即先录入借方余额的年初数。光标指向库存现金的年初数，各手指分工录入"9,856"，然后小指按下"ENTER"键，光标跳到下一行。接着录入银行存款的期初数"6,966,944"，然后小指按下"ENTER"键，光标跳到下一行。以此类推，直到本列录入完毕。接着，再进行第二列，借方余额期末数的数据录入。以此类推，直到全表格的数据录入完毕。

在敲击键盘时，眼睛应始终看资料上的数字，而非右手的小键盘，养成盲打的习惯。

步骤 4：计算合计。

利用 EXCEL 的合计公式，计算合计一列的数据，若借方数据等于贷方数据，则数据录入正确。

【技能实训】

1. 基本键位

要求：循环进行数字录入 5 分钟，每串数字结束按回车，正确率 100%。

5,645　6,566　6,665　4,454　6,446　4,545　4,464　4,454　4,565　5,445

6,555　5,565　5,564　4,554　6,566　6,464　6,456　4,665　5,446　5,646

5,545	5,455	6,564	5,455	5,646	4,544	4,654	6,554	4,645	5,546
6,666	4,554	5,465	4,445	6,664	5,664	4,544	4,555	5,446	5,456
6,656	4,546	6,555	5,444	6,564	6,455	5,646	4,546	4,654	6,446

2. 食指、大拇指键位

要求：循环进行数字录入5分钟，每串数字结束按回车，正确率100%。

7,147	0,010	7,444	1,071	0,007	4,141	0,471	4,170	0,740	1,114
0,714	1,477	0,401	0,040	0,077	4,114	7,710	7,441	7,777	0,714
4,044	0,714	0,010	0,074	1,447	1,041	4,410	7,114	1,711	7,404
4,104	4,047	4,147	7,404	4,114	0,114	1,107	0,144	1,700	7,407
4,047	0,710	0,111	0,771	7,707	1,774	4,407	0,171	7,417	1,441

3. 中指、大拇指键位

要求：循环进行数字录入5分钟，每串数字结束按回车，正确率100%。

5,558	0,285	2,050	8,522	2,020	8,858	8,828	2,500	0,822	0,258
5,582	0,805	0,852	0,580	2,852	5,585	5,825	2,580	0,020	8,522
5,525	2,805	8,550	0,080	2,885	8,202	8,802	5,058	5,888	5,828
0,252	2,550	5,285	8,255	0,828	5,852	8,205	0,088	5,250	5,085
0,255	2,282	5,028	0,820	0,852	8,505	8,500	5,505	8,222	0,525

4. 无名指、大拇指键位

要求：循环进行数字录入5分钟，每串数字结束按回车，正确率100%。

3,006	9.06	9.60	6,033	93.0	3,069	3,096	0.03	3,693	936.
.603	3,696	33.6	3,300	00.3	9,396	3,900	036.	63.9	3,996
3,690	99.9	9,396	0.66	0.96	3,390	93.0	6,369	360.	60.3
3,309	9.36	6,639	90.0	6,993	9,966	9.00	6,606	.600	3,636
3,633	0.69	603.	3,039	9.09	.069	03.0	3,366	6.33	60.3

5. 食指、中指、大拇指键位

要求：循环进行数字录入5分钟，每串数字结束按回车，正确率100%。

7,782	0,725	5,782	2,072	8,784	7,085	8,255	5,811	7,015	0,757
0,782	7,157	7,757	7,288	2,071	5,772	8,725	5,187	7,788	8,278
2,557	8,580	2,808	0,551	2,571	7,205	7,722	8,755	1,128	2,825
2,005	5,717	7,802	5,272	8,122	8,142	1,208	7,028	4,428	2,107
1,205	5,571	5,185	1,277	2,780	2,505	2,084	1,017	7,810	7,550

6. 食指、无名指、大拇指键位

要求：循环进行数字录入5分钟，每串数字结束按回车，正确率100%。

674.	669.	4,176	0,046	33.1	1,160	779.	3,439	3.01	0,107
0.30	0,460	9.73	4,691	07.1	0,617	93.0	1,699	9.19	09.0
10.9	669.	0,917	97.9	6,633	6,030	346.	3.36	0.04	1,740
149.	0,047	0,109	39.7	9,140	7,796	176.	607.	4,190	7,931
04.7	0,171	70.7	434.	3,939	6,604	6,631	4,079	4,776	4,909

7. 中指、无名指、大拇指键位

要求:循环进行数字录入5分钟,每串数字结束按回车,正确率100%。

59.8	306.	009.	2,965	65.9	5,692	3,985	8,295	3,260	29.3
0,630	02.9	6,629	6,395	9,053	82.8	6,892	6,323	9,596	2,029
9,395	959.	6,960	2,268	35.3	6,836	3,992	0,320	9,085	20.2
8,038	3,905	0,683	950.	99.9	3.83	83.6	3,238	9,938	2,660
6,866	8,095	096.	9,563	329.	3,969	9,385	0,529	3,650	93.2

8. 综合键位要求:循环进行数字录入5分钟,每串数字结束按回车,正确率100%。

3,481.05	3,874.34	1,564.50	3,237.79	1,881.22	2,974.11	1,698.58
3,879.27	2,250.57	6,684.18	1,026.84	9,027.65	6,289.41	3,287.49
8,597.58	1,641.71	4,263.49	7,588.26	2,205.47	2,354.94	1,704.43
2,990.75	7,558.49	9,354.78	3,843.70	5,418.49	6,672.78	2,594.98
7,578.66	9,867.32	9,097.91	8,663.50	5,581.56	8,704.13	5,549.93

9. 综合应用题

要求:请在EXCEL中编制表格,并录入数据。

(1) 编制资产负债表(如表4-6所示),利用EXCEL公式计算各合计数,验证录入正确情况(资产总计等于负债和所有者权益总计)。

表4-6 资产负债表

项目	2015年	2016年	2017年
货币资金	157,111,296	178,529,616	116,552,112
以公允价值计量且其变动计入当期损益的金融资产	20,000,000	20,000,000	30,000,000
应收票据	6,743,584	8,878,500	7,210,093
应收账款	136,846,740	126,949,492	111,782,335
预付账款	15,012,348	20,267,064	31,234,948
其他应收款	145,147,152	221,161,824	47,974,736
存货	111,454,848	87,822,080	86,311,408
流动资产合计			
期股权投资	29,532,800	25,626,510	42,698,416
持有至到期投资	23,845,000	6,569,870	22,578,469
可供出售金融资产	86,809,000	66,297,784	70,731,224
固定资产	190,042,288	143,433,632	125,549,168
在建工程	9,959,441	7,709,192	5,905,633
工程物资	452,348	235,840	2,348,409
固定资产清理	4,382,770	7,320,048	20,036,300

（续表）

项目	2015 年	2016 年	2017 年
无形资产	24,022,448	24,984,226	26,069,980
开发支出	2,015,486	2,165,874	2,041,086
长期待摊费用	368,921	156,656	100,934
非流动资产合计			
资产总计			
短期借款	162,000,000	183,384,993	28,910,000
应付票据	7,000,000	124,000,000	80,000,000
应付账款	36,570,984	35,310,416	47,251,860
预收账款	91,997,128	17,230,424	14,527,802
应付职工薪酬	2,940,564	5,630,649	3,317,765
应交税费	7,407,544	3,480,870	6,488,246
应付利息	534,238	510,281	535,589
流动负债合计			
长期借款	16,589,666	18,136,066	19,299,794
应付债券	13,585,334	13,590,512	13,684,792
长期应付款	75,863,016	38,945,806	39,695,654
递延收益	52,475,300	60,489,135	42,684,738
专项应付款	23,456,800	90,911,941	51,379,320
预计负债	3,000	6,500	7,000
递延所得税负债	96,550,000	84,600	60,660
非流动负债合计			
负债合计			
实收资本	147,017,440	147,017,440	147,017,440
资本公积	211,863,199	195,688,518	168,033,214
盈余公积	2,531,377	2,531,377	2,531,377
其他综合收益	10,800,040	10,800,040	23,700,000
未分配利润	4,560,840	358,640	60,000,000
所有者权益合计			
负债合所有者权益总计			

（2）编制工资结算汇总表，利用 EXCEL 公式计算各合计数，并计算应付工资和实发工资，验证录入正确情况。

$$应付工资＝基本工资＋奖金＋岗位津贴－扣发$$
$$实发工资＝应付工资－代扣款项$$

具体如表 4-7 和表 4-8 所示。

表 4-7 　　　　　　　　　　　工资结算汇总表(表一)

工号	姓名	基本工资	奖金	岗位津贴	扣发		应付工资
					事假扣款	病假扣款	
1	黄凯	6,000	3,000	1,800		39	10,683
2	林静	2,000	1,500	600			4,100
3	张辉	4,000	2,000	1,200			7,200
4	郑伟	3,000	1,800	900			5,700
5	李飞	2,000	1,500	600			4,100
6	杨文	4,000	2,000	1,200	78		7,122
7	周健	2,500	1,600	750			4,850
8	李丽	2,000	1,100	600			3,700
9	赵刚	2,000	2,000	600		78	4,522
10	杨伟	2,000	3,000	600			5,600
11	陈强	1,800	5,000	540			7,340
12	高明	1,600	1,000	480			3,080
13	刘美	1,500	1,200	450			3,150
14	朱立	2,200	1,500	660			4,360
合计							

表 4-8 　　　　　　　　　　　工资结算汇总表(表二)

代扣款项							实发工资
住房公积金	养老保险费	医疗保险费	失业保险费	工会经费	职工教育经费	个人所得税	
747.81	854.64	213.66	106.83	213.66	267.08	881.60	7,397.73
287.00	328.00	82.00	41.00	82.00	102.50	18.00	3,159.50
504.00	576.00	144.00	72.00	144.00	180.00	265.00	5,315.00
399.00	456.00	114.00	57.00	114.00	142.50	115.00	4,302.50
287.00	328.00	82.00	41.00	82.00	102.50	18.00	3,159.50
498.54	569.76	142.44	71.22	142.44	178.05	257.20	5,262.35
339.50	388.00	97.00	48.50	97.00	121.25	40.50	3,718.25
259.00	296.00	74.00	37.00	74.00	92.50	6.00	2,861.50

（续表）

代扣款项							实发工资
住房公积金	养老保险费	医疗保险费	失业保险费	工会经费	职工教育经费	个人所得税	
316.54	361.76	90.44	45.22	90.44	113.05	30.66	3,473.89
392.00	448.00	112.00	56.00	112.00	140.00	105.00	4,235.00
513.80	587.20	146.80	73.40	146.80	183.50	279.00	5,409.50
215.60	246.40	61.60	30.80	61.60	77.00	0.00	2,387.00
220.50	252.00	63.00	31.50	63.00	78.75	0.00	2,441.25
305.20	348.80	87.20	43.60	87.20	109.00	25.80	3,353.20

【考核标准】

本实训考核标准如表 4-9 所示。

表 4-9 小键盘数字录入考核标准

优秀	良好	合格
300 个数/分钟	240 个数/分钟	200 个数/分钟

实训三 传票翻打

【实训目标】

通过实训,掌握翻打传票的基本技能,熟练掌握传票的翻页和数据的输入,能够快速、准确地进行传票翻打。

【知识链接】

一、认识传票

传票是指记有文字和数字的单据、凭证,如发票、支票、收据、记账凭证等,因在有关人员之间传递周转,故称为传票。

传票翻打是用计算器、计算机、算盘对各种单据、发票和记账凭证上的数字金额进行加减汇总运算的一种方法,也称为凭证汇总算。

在日常经济业务中,企业部门的会计核算、统计报表、财务分析、计划检查等业务活动,其报表资料的数字来源都是通过会计凭证的计算汇总而获得的。这些会计凭证的汇总即传票翻打,其运算速度及结果准确与否,直接影响各个项目业务活动数据的可靠性及时性,可见传票翻打是财会工作者日常工作中的一项很重要的基本功。

二、传票的种类

传票的种类多种多样。根据传票装订与否,分为装订本和活页本两种。装订本包括发票存根、收据存根和各种装订成册的单据等。活页本包括会计的记账凭证、银行支票、工资卡片等。按照计算内容的不同,传票分为单式传票和复式传票两种。单式传票包括银行支票、领料单等。复式传票包括记账凭证、生产记录表等。

技能训练所使用的传票就是模拟实际工作中的传票设计的,如图4-6和图4-7所示。单式传票一般是活页本,两行数字颠倒印制成甲、乙2种版,可供2次计算训练。复式传票一般是装订本,每页上印有5行。

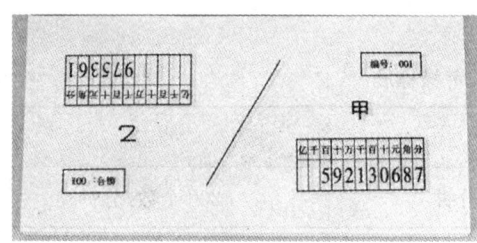

图4-6 单式传票本

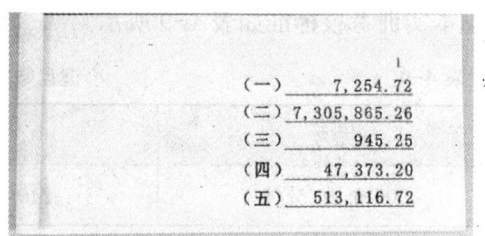

图4-7 复式传票本

【技能指导】

一、整理传票

1. 检查传票

在进行传票翻打前,先要对传票进行检查,主要是看有无少页、重页、破页和数字印刷不清等错漏的地方。

2. 打扇面

为了方便传票的翻页,加快翻页动作,避免翻重页或漏页的现象,运算前将传票捻成扇形,使一叠传票自然呈扇形分开。

打扇面的方法是:将传票墩齐,用左手握住传票的左上角,拇指放在传票封面的左上角,其余四指放在传票本背面左上角;右手握住传票的右边,拇指放在传票封面,其余四指放在传票背面;这样以左手为轴心,用右手捏住传票,并将传票右上角以右手大拇指为轴向怀内翻卷,翻卷后左手随即捏紧,使传票各页均匀散开,一般右手向内翻动2次就可以打成扇形,如图4-8所示。

3. 摆放传票

打好扇面之后,将传票本放在离桌沿 10～15 厘米偏左的地方,摆放位置要易于看数和有利于翻页。左手的小指、无名指和中指自然弯曲压在传票的左端,固定住传票,其余 2 指自然伸开做好翻页准备,准备传票的翻打。

图 4-8　打扇面

二、坐姿

翻打传票时,须将身体坐正,双腿自然放平,腰要直,头稍低,左手将传票放在桌面,翻阅传票,右手放在小键盘上,进行数字录入。

三、翻页

传票的翻打要求用左手翻传票,右手用小键盘或计算器输入传票中的数据,两手同时进行。

(一) 找页

在翻打传票时,先要找到起始页数。找页的动作快慢、准确与否,直接影响传票翻打的准确与速度。因此,找页是一个很重要的基本功。

找页用左手来完成,在左手固定传票的准备动作中,用大拇指找页,凭手感翻到临近的页码上,再进行前后调整,迅速翻至所需页数。找页的过程一般要求 1～3 个动作能找到所需页码。

练习方法如下:

首先,练习手感。就是用手摸传票前 20 页、前 40 页、前 60 页、前 80 页或前 10 页、前 30 页、前 50 页、前 70 页的厚度,经过一段时间的练习,达到能够摸准每 20 页和前 10 页、前 20 页、前 30 页、前 40 页、前 50 页、前 60 页、前 70 页、前 80 页厚度的水平。

其次,边念边找页。即在上述基础上,练习迅速、准确地找出各计算题起始页的本领。方法是自我测试与相互考查相结合,自己心中默记一个页码或同学之间任意念出一个页码,凭手感觉传票厚度,至多翻动 3 次找到起始页。例如,找第 32 页,在凭手感 30 页厚度的基础上,再略多翻几页:如果不准,迅速调整一下,就应该翻到第 32 页。

(二) 翻页

翻传票时要做到快而不带页,才不会影响传票运算的速度和准确度。翻页有两种方法,如果传票纸张比较薄,适用食指翻页法;如果传票纸张比较厚,适用拇指翻页法。

1. 食指翻页法

翻页时,左手无名指和小指按在传票本的左边,压住传票本,避免传票本移动,用拇指的指肚处轻轻靠住传票本的左下边缘,掀起一刀(如图 4-9 所示)。首先,食指与拇指捻起一张(如图 4-10 所示),食指同时抽出绕过来,使翻过之页夹于中指与食指之间(如图 4-11 所示);然后,食指又开始捻第二张,继续翻页(如图 4-12 所示)。当翻过 20 页左右时,在新的一页上,左手重新定位,继续翻页。如果食指捻不起来,可在食指指腹上涂抹一些甘油。

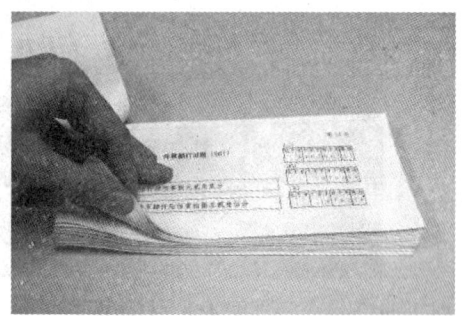

图 4-9 拇指掀起一刀

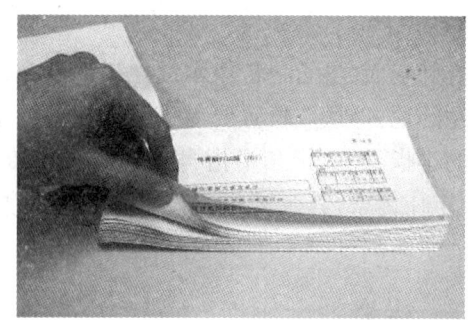

图 4-10 食指与拇指捻起一张

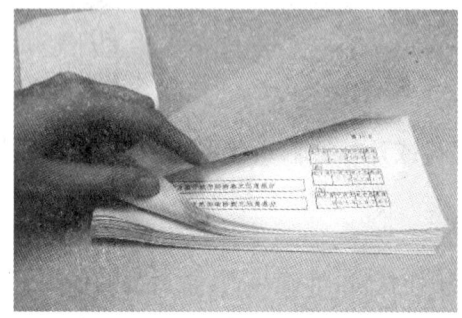

图 4-11 食指抽出绕过来

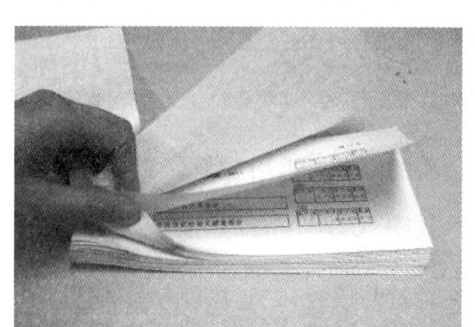

图 4-12 食指捻第二张

2. 拇指翻页法

采用拇指翻页法,建议在传票本左上角用夹子将其夹住,使扇形固定,防止错乱,便于翻页,如图 4-13 所示。翻页时,左手无名指和小指按在传票本的左边,压住传票本,避免传票本移动。首先,用拇指的指肚处轻轻靠住传票本的中间下边缘,掀起一页(如图 4-14 所示),食指同时抽出绕过来,使翻过之页夹于中指与食指之间;然后,拇指又开始翻第二张,继续翻页。

图 4-13 固定传票本

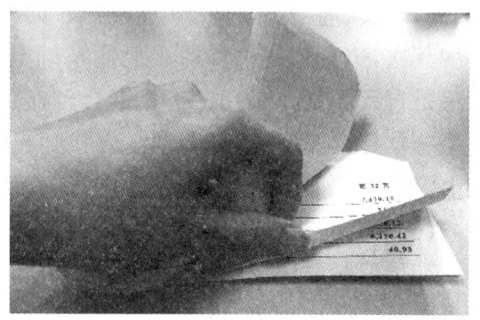

图 4-14 拇指翻页

无论采用哪种方法,翻页都不宜翻得过高或过低,角度应适宜,以便能看清数据位准。

翻页是传票翻打的基础,只有左手能准确、连贯、快速地翻开传票,才能与右手配合进行传票翻打录入。

四、翻打传票

计算器翻打传票时,传票放左边,计算器放右边。左手翻传票,右手握笔,并利用计算器将每一页传票页上的金额相加,进行计算,得出合计后用笔记录下来。

电脑小键盘翻打传票时,传票放桌面上,右手放在小键盘上,左手翻传票,右手敲击键盘,将传票中的数字录入到电脑中。

小键盘传票翻打按照是否需要数据累加分为传票录和传票算。传票录是将传票本中的数据通过计算机小键盘录入到计算机中,每组数据结束按下回车键继续录入下一组数据;传票算是将传票本中的数据汇总加起来,每组数据结束按下加号键继续录入下一组数据,将各数据累加起来。计算器传票翻打和珠算传票翻打都属于传票算。

按照是否顺序翻页分为顺序翻打和组合翻打。顺序翻打就是选定一行,从第一页开始逐页依次将数据录入到计算机中;组合翻打是任意指定起止页数,以求每连续20页的某个同一行合计数为一题,即每页只计算一行数字,把这20页的同一行数字连续录入,一题结束后再进行下一题。

(一) 顺序翻打

在翻打传票时,先要找到起始页数。从起始页的规定行开始,左手翻一页,右手利用小键盘或计算器录入该页的规定行数据,右手打完一串数字按下加号或回车,左手再翻一页,右手录入下一页数字,以此类推。在敲击键盘时,眼睛应始终看左手传票上的数字,而非右手的小键盘,养成盲打的习惯。

在整个传票翻打的过程中,翻页、看数、按键、写数要协调进行,做到手、眼、脑共同进行。在右手打到本页的最后几位数时,左手就可以翻开下一页做好准备,这样动作连贯,边翻边打,快速录入。

计算器或珠算顺序翻打可以是限时不限量技能训练,如表4-10所示,也可以是限量不限时训练,如表4-11所示。

表4-10　　　　　　　　　　　限时不限量技能训练

行次	起始页数	终止页数	答　案
(一)	第1页		

表4-11　　　　　　　　　　　限量不限时训练

行次	起止页数	答　案	用　时
(一)	1～100		

小键盘顺序翻打训练界面如图4-15所示。训练在规定时间内传票录入的速度和准确率,要求选定某一行,从传票本的第1页开始依次、连续、逐张录入数据,测试在完全正确的前提下完成的页数。

训练方法可以是限时不限量训练,也可以是限量不限时训练。限时不限量一般可以练习2分钟顺序翻打;限量不限时则是将传票本全部页数翻打完毕,计算所用时间。

(二) 组合翻打

组合翻打不是按照传票的自然页数逐题进行运算的,而是交叉组合进行。随机出题,每题由连续20页同一行的20个数字连续相加,完全正确为正确1题。如表4-12所示,第6题是29～48(四),即从第29页起计算到第48页的第4行合计;第7题是34～53(五),即求

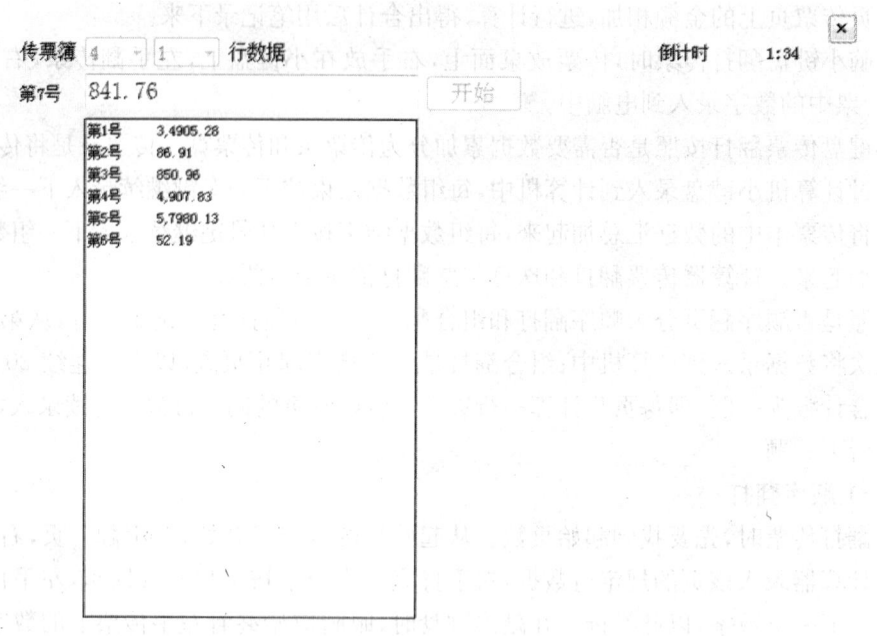

图 4-15　顺序翻打传票界面

第 34 页到第 53 页第 5 行的合计，这就需要找第 34 页。如表 4-12 所示。

表 4-12　　　　　　　　　　　　　　组合翻打表

题序	起止页数	行次	答案
1	2～21	五	
2	30～49	三	
3	41～60	四	
4	62～81	二	
5	80～99	一	
6	29～48	四	
7	34～53	五	
8	74～95	一	
9	58～77	三	
10	67～86	二	

　　由于组合翻打是 20 页为一题，有的学生担心页码打多了，在打到最后几页时总是看页码，这必然影响计算速度。这时，可以采用记页，即心中默记本题翻的页数，每翻动一次按顺序默记一次，从 1 开始默记到 19 次，到第 20 页数据输入完毕，本题就结束。

　　小键盘组合翻打训练界面如图 4-16 所示。由系统出题，显示在输入框右上角上，"第 1 题 43/三"，即第一题起始页为第 43 页，本题的 20 页都输入第 3 行数字；输入框左边"1 (43)"，表示目前输入数字为本题的第 1 页，即传票本的第 43 页；输入框左上角的"正确题数",为输入一组 20 页全对为正确 1 题；输入框左下角"本题剩余字数",即本题还剩余几串数据需要录入；"全部剩余时间"为本次训练还剩下多少秒数,小键盘组合翻打训练可以是 10 分钟、15 分钟等,由具体训练情况而定,技能比赛中一般为 10 分钟。

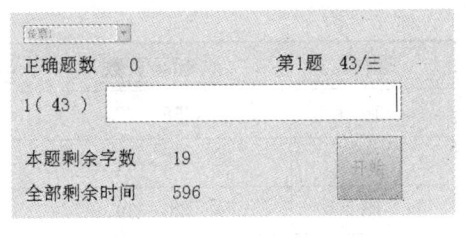

图 4-16　组合翻打传票界面

小键盘组合翻打分为传票录和传票算。传票录,即每一串数据输入完毕直接按下回车键,继续输入下一串数据；传票算,即每一题中,每一串数据输入完毕,按下加号,再输入下一串数据,当本题 20 串数据都输入完毕,按下回车,跳转下一题。

【实训范例】

一、范例资料

采用中国珠算协会统一印制的传票作为实训资料,本传票共 100 页,每一页由 5 行数字组成。使用计算器(或算盘、计算机小键盘),要求在 20 分钟内完成传票算的练习,连续 20 页相同行的数相加为一题,如表 4-13 所示。

表 4-13　　　　　　　　　　　　　传票算练习

题序	起止页数	行次	答案
1	3～22	五	
2	39～58	一	
3	74～93	三	
4	20～39	四	
5	41～60	二	
6	28～47	一	
7	21～40	三	
8	56～75	二	
9	16～35	二	
10	68～87	三	
11	56～75	五	
12	7～26	三	
13	69～88	四	
14	50～69	一	
15	71～90	二	

（续表）

题序	起止页数	行次	答案
16	58～77	四	
17	45～64	三	
18	20～39	五	
19	59～78	一	
20	24～43	五	

二、操作步骤

步骤 1：整理传票。

在翻打传票之前，先将传票搞松，把传票捻成扇形，将传票本放在离桌沿约 10～15 厘米偏左的地方，准备传票的翻打。

步骤 2：找页。

在翻打传票时，先要看出题页数，找到起始页数。找页用左手来完成，凭手感，借助眼睛的余光，迅速摸到出题页数。一般要求 1～3 个动作能找到所需页码。

步骤 3：翻打传票。

从起始页的规定行开始，翻一页，打一页，将 20 页的数字加起来，得到的和为答案。为了防止计算时多翻页或少翻页，可从开始页起一边翻页，一边心里默念 1、2、3 到 19。

右手在敲击计算器或小键盘时，注意指法，在敲击键盘时，眼睛应始终看左手传票上的数字，而非右手的计算器或小键盘，养成盲打的习惯。

第一题为"3－22（五）"，即需将传票本第 3 页至第 22 页的第五行数字录入。将这一组中的第 1 页中的数据从左到右依次输入计算器（或输入计算机小键盘，或拨入算盘）中，在快输入（拨入）最后两位数时，左手翻起一页，食指和中指迅速夹住该页，大脑按顺序默记 1 次。然后将第 2 页中的数据从左到右依次输入（拨入），同样在快输入（拨入）最后数时，左手再翻起一页，食指和中指迅速夹住该页，大脑按顺序默记 2 次……直至默记 19 次，最后 1 页不用翻不用记，运算到第 20 页，右手抄写答数，同时左手找下一题的起页，再进行下一题的运算。

步骤 4：写答案。

一题翻打结束之后，将计算器（或计算机小键盘，或算盘）上得到的和写在答案栏，继续进行下一题的翻打。

【技能实训】

1. 翻页训练

（1）采取先看着传票翻页，从第 1 页连续向后翻动传票，直到最后一页为止；熟练后再练习不看传票翻页，从第 1 页连续向后翻动传票，直到最后一页为止。

（2）用左手连续进行翻页训练，由少至多（20 页、40 页、…、100 页），循序渐进。

（3）做翻看练习，翻一页看一笔数字，再翻到下一页看同一行数字，在规定时间内看谁翻看更快。

　　2. 找页训练

　　(1) 单页翻找训练——由教师报起始页数,学生快速翻找;由学生相互之间报起始页数,进行翻找训练。

　　(2) 多页翻找训练——教师给出一组起始页数,要求学生连续进行翻找。

　　① 有序找页练习——4、15、21、37、42、56、61、78、80、6、…

　　② 无序找页练习——17、5、26、13、65、32、49、10、73、58、…

　　3. 翻打传票限时不限量训练

　　规定传票的起始页数,以及每一页的行数,在限定的时间内进行翻打传票练习(如表4-14所示)。考核学生在有限的时间内翻打的终止页数,以及得出的答案。

表4-14　　　　　　　　　　　翻打传票限时不限量训练　　　　　　限时：_____分钟

起始页数	行数	终止页数	答案
第1页	(一)		

　　4. 翻打传票限量不限时训练

　　规定传票的起止页数,以及每一页的行数,考核学生最后的用时,以及得出的答案(如表4-15所示)。

表4-15　　　　　　　　　　　翻打传票限量不限时训练

起止页数	行数	答案	用时
1～100	(三)		

　　5. 翻打传票训练

　　(1) 10组20页翻打(如表4-16所示)。

表4-16　　　　　　　　　　　翻打传票训练(1)

题序	起止页数	行数	答案
1	2～21	(二)	
2	17～36	(五)	
3	24～43	(四)	
4	64～83	(二)	
5	31～50	(一)	
6	16～35	(三)	
7	50～69	(五)	
8	56～75	(四)	
9	23～42	(三)	
10	79～98	(二)	

（2）20 组 20 页翻打（如表 4-17 所示）。

表 4-17　　　　　　　　　　　翻打传票训练（2）

题序	起止页数	行数	答案
1	38～57	（四）	
2	52～71	（三）	
3	7～26	（二）	
4	75～94	（五）	
5	41～60	（一）	
6	26～45	（五）	
7	25～44	（二）	
8	63～82	（四）	
9	30～49	（一）	
10	19～38	（三）	
11	59～78	（五）	
12	15～34	（四）	
13	22～41	（三）	
14	78～97	（一）	
15	43～62	（二）	
16	69～88	（五）	
17	57～76	（三）	
18	37～56	（四）	
19	72～91	（二）	
20	29～48	（三）	

（3）30 组 20 页翻打（如表 4-18 所示）。

表 4-18　　　　　　　　　　　翻打传票训练（3）

题序	起止页数	行数	答案
1	53～72	（三）	
2	21～40	（二）	
3	35～54	（四）	
4	48～67	（五）	
5	11～30	（一）	
6	65～84	（五）	
7	32～51	（二）	
8	27～46	（一）	

(续表)

题序	起止页数	行数	答案
9	71～90	(三)	
10	62～81	(一)	
11	54～73	(二)	
12	18～37	(四)	
13	44～63	(三)	
14	3～22	(五)	
15	47～66	(二)	
16	33～52	(五)	
17	77～96	(二)	
18	8～27	(四)	
19	55～74	(三)	
20	28～47	(一)	
21	14～33	(四)	
22	46～65	(五)	
23	51～70	(一)	
24	42～61	(五)	
25	66～85	(二)	
26	6～25	(三)	
27	76～95	(一)	
28	61～80	(四)	
29	13～32	(五)	
30	5～24	(二)	

【考核标准】

本实训考核标准如表4-19所示。

表 4-19　　　　　　　　　　　传票翻打考核标准

翻打方式	工具	优秀	良好	合格
组合翻打 10分钟	计算器	正确10题	正确8题	正确6题
	数字小键盘	正确12题	正确10题	正确8题
顺序翻打 2分钟	计算器	连续正确 70串数字	连续正确 60串数字	连续正确 50串数字
	数字小键盘	连续正确 80串数字	连续正确 70串数字	连续正确 60串数字

实训四　票币计算

【实训目标】

通过实训,掌握票币计算的相关知识与技能,会进行逢贰、伍票币的乘心算,能够快速、准确地进行票币计算。

【知识链接】

票币计算,即计算票币金额,就是将不同面值的人民币分别和张数相乘,计算出它们的合计金额。票币计算广泛用于银行柜面、收银、出纳的现金收付、配款等工作。

日常业务操作中,一些临柜人员觉得伍拾元、伍元、伍角、伍分、贰拾元、贰元、贰角、贰分等票币计算难度较大,差错率较高。因此,可采用方便省时的乘心算。

一、逢伍票币的乘心算

逢伍的票币计算采用"折半"法,其中,票币张数分奇数和偶数两种情况。

1. 张数为偶数的逢伍票币

当逢伍的票币张数为偶数时,用张数除以 2(折半)再补 0,即能得到积数。

如伍元券别,张数为 42,则将被乘数 42 除以 2,即折半,再补 0,便是积数 210,如图 4-17 所示。

这是因为 $42 \times 5 = 42 \times (10 \div 2) = 42 \div 2 \times 10 = 210$,也就是 42 折半后,再把小数点往右移一位,也就是补一个"0",就得 210。

2. 张数为奇数的逢伍票币

当逢伍的票币张数为奇数时,用张数除以 2 余 1,将余数 1 与后面的数字合并再除以 2,以此类推,若被乘数最后一位是奇数,则在其后补"0",继续除以 2。

如伍元券别,张数为 41,则将被除数 41 折半,余数为 1,并在其后补 0,再折半得 5,最终得到积数为 205,如图 4-18 所示。

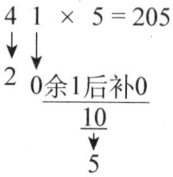

$$4\ 1 \times 5 = 205$$

$$4\ 2 \times 5 = 210$$

图 4-17　张数为偶数的逢伍票币乘心算　　　　图 4-18　张数为奇数的逢伍票币乘心算

3. 张数个位数为奇数的逢伍票币

张数的个位数为奇数时，还有另外一种方法，可称为"口诀法"。以伍元票面为例：

十位数是奇数时，个位数分别为9,7,5,3,1时，即奇9、奇7、奇5、奇3、奇1，分别计数为♯95、♯85、♯75、♯65、♯55。例如，79张、77张、75张、73张、71张伍元分别计数为395元、385元、375元、365元、355元。

十位数是偶数时，个位数分别为9,7,5,3,1时，偶9、偶7、偶5、偶3、偶1，分别计数为♯45、♯35、♯25、♯15、♯05。例89张、87张、85张、83张、81张伍元分别计数为445元、435元、425元、415元、405元。

按照上述方法记口诀如下：

奇九95，偶九45；

奇七85，偶七35；

奇五75，偶五25；

奇三65，偶三15；

奇一55，偶一05。

上面每小节前的"九、七、五、三、一"分别是票币张数中的个位，不作计数范围，只是望"九"生95、45，见"七"生85、35；以此类推。

二、逢贰票币的乘心算

逢贰的票币计算采用"翻倍"法。在张数前先补0，然后"本个加后进"，即每一位数本位翻倍取个位并加后一位数翻倍的进位。

例如，贰元券别，张数为5,428，则在张数前先补0，然后从左至右按"本个加后进"的规律计算，最终得到积数，如图4-19所示。

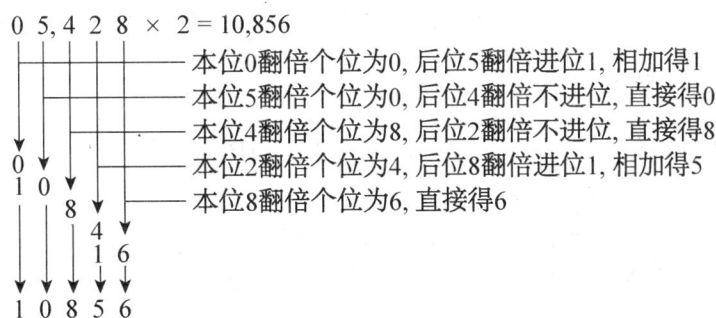

图4-19 逢贰票币乘心算

又如，贰拾元券别，张数为9,437，计算方法如图4-20所示。

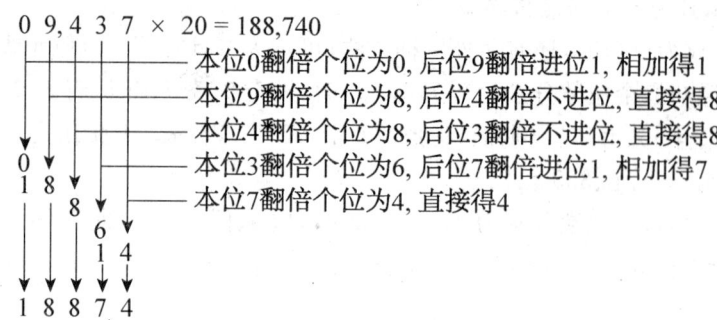

图 4-20　逢贰票币乘心算

【技能指导】

各类票币与张数如表 4-20 所示，需求出各票币金额，计算方法共有四种。

表 4-20　　　　　　　　　　　　票币计算表

面值	壹佰元	伍拾元	贰拾元	壹拾元	伍元	壹元	伍角	壹角
数量	58	23	37	41	18	95	72	96
金额								

一、计算器记忆功能键

使用计算器的 M＋键（记忆加法键），每算好相应的票币按 M＋，直到结束再按 MR（存储读出键），即可得到总额。

首先，依次录入 100×58、M＋、50×23、M＋、20×37、M＋、10×41、M＋、5×18、M＋、1×95、M＋、0.50×72、M＋、0.10×96、M＋；然后，按 MR 键，即可得出计算结果为 8,330.60。

二、计算器存储读出键

使用计算器的 GT 键（总和计算键），每算好相应的票币按＝，直到结束再按 GT 键，即可得到总额。

首先，依次录入 100×58、＝、50×23、＝、20×37、＝、10×41、＝、5×18、＝、1×95、＝、0.50×72、＝、0.10×96、＝；然后，按 GT 键，即可得出计算结果为 8,330.60。

三、计算器乘心算

用心算计算出各种面值乘以其数量的乘积，再将这些乘积录入计算器进行累加，求出合计。逢伍、逢贰票币分别使用"折半""翻倍"的心算方法。

第一步，心算 100×58＝5,800，将 5,800 录入计算器，屏幕显示"5′800"；

第二步，心算 50×23＝1,150，将 1,150 加入计算器，屏幕显示"6′950"；

第三步，心算 20×37＝740，将 740 加入计算器，屏幕显示"7′690"；

第四步,心算 10×41＝410,将 410 加入计算器,屏幕显示"8'100";

第五步,心算 5×18＝90,将 90 加入计算器,屏幕显示"8'190";

第六步,心算 1×95＝95,将 95 加入计算器,屏幕显示"8'285";

第七步,心算 0.50×72＝36,将 36 加入计算器,屏幕显示"8'321";

第八步,心算 0.10×96＝9.60,将 9.60 加人计算器,屏幕显示"8'330.60"。得出结果为 8,330.60。

四、珠算乘心算

用心算计算出各种面值乘以其数量的乘积,再将这些乘积拨入算盘进行累加,求出合计。由于每项乘积经常出现多个 0,因此熟练使用算盘计算往往较之计算器速度更快。

拨珠时需注意定位。首先,确定最高位数,因张数一般为两位数,所以最高位即佰元位数都是＋4 位。其次,依次确定次高位数,当券别不为壹开头的位数不变,逢券别为壹开头的递减位数。比如,壹佰元为＋4 位,伍拾元为＋4 位,贰拾元为＋4 位,壹拾元为＋3 位,壹元为＋2 位,壹角为＋1 位。

但定位时需注意,如果逢伍、逢贰开头的券别,乘积没有进位的,需用 0 补齐,以免定位混淆。比如,券别为伍拾元,张数为 15 张,其金额数为 0750 元;券别为贰元,张数为 28,其金额数为 056 元。

第一步,定位＋4 位,心算 100×58＝5,800,将 5,800 拨入算盘;

第二步,定位＋4 位,心算 50×23＝1,150,将 1,150 拨入算盘;

第三步,定位＋4 位,心算 20×37＝0,740,将 0,740 拨入算盘;

第四步,定位＋3 位,心算 10×41＝410,将 410 拨入算盘;

第五步,定位＋3 位,心算 5×18＝090,将 090 拨入算盘;

第六步,定位＋2 位,心算 1×95＝95,将 95 拨入算盘;

第七步,定位＋2 位,心算 0.50×72＝36,将 36 拨入算盘;

第八步,定位＋1 位,心算 0.10×96＝9.60,将 960 拨入算盘。得出结果为 8,330.60。

【实训范例】

一、范例资料

计算人民币票币金额(如表 4-21 所示)。

表 4-21　　　　　　　　　　票币计算表

面值	张数	面值	张数
壹佰元	29	贰拾元	41
伍拾元	15	壹拾元	64

（续表）

面值	张数	面值	张数
伍元	32	壹角	49
壹元	78	合计	
伍角	72		

二、操作步骤

步骤 1：看数。

票币计算表放在计算器或算盘下端，以便看数。

步骤 2：算数录数（拨数）。

分面值心算金额，在计算器或算盘上依次累加。

（1）定位＋4 位，心算 100×29＝2,900，录入计算器（拨入算盘）；

（2）定位＋4 位，心算 50×15＝0,750，录入计算器（拨入算盘）；

（3）定位＋4 位，心算 20×41＝0,820，录入计算器（拨入算盘）；

（4）定位＋3 位，心算 10×64＝640，录入计算器（拨入算盘）；

（5）定位＋3 位，心算 5×32＝160，录入计算器（拨入算盘）；

（6）定位＋2 位，心算 1×78＝78，录入计算器（拨入算盘）；

（7）定位＋2 位，心算 0.50×72＝36.0，录入计算器（拨入算盘）；

（8）定位＋1 位，心算 0.10×49＝4.9，录入计算器（拨入算盘）。得出结果为 5,388.90。

具体如图 4-21 所示。

位数	面值	张数	
4	壹佰元	29	→ 2,900
	伍拾元	15	→ 0,750
	贰拾元	41	→ 0,820
3	壹拾元	64	→ 640
	伍元	32	→ 160
2	壹元	78	→ 78
	伍角	72	→ 36.0
1	壹角	49	→ 4.9
	合计		

图 4-21　算数录数

步骤 3：写数。

分节号和小数点应严防漏写或点错，答案数字书写清楚。

【技能实训】

1. 票币计算测试题(一)(如表 4-22 所示)

表 4-22　　　　　　　　　　票币计算测试题(一)　　　　　　　　限时:10 分钟

(一)		(二)		(三)		(四)		(五)	
面值	张数	面值	张数	面值	张数	面值	张数	面值	张数
壹佰元	15	壹佰元	63	壹佰元	14	壹佰元	55	壹佰元	36
伍拾元	72	伍拾元	89	伍拾元	36	伍拾元	28	伍拾元	62
贰拾元	28	贰拾元	71	贰拾元	59	贰拾元	25	贰拾元	45
壹拾元	80	壹拾元	92	壹拾元	63	壹拾元	47	壹拾元	83
伍元	49	伍元	58	伍元	98	伍元	83	伍元	74
壹元	84	壹元	16	壹元	58	壹元	34	壹元	27
伍角	56	伍角	41	伍角	47	伍角	76	伍角	18
壹角	31	壹角	57	壹角	22	壹角	51	壹角	44
合计		合计		合计		合计		合计	
(六)		(七)		(八)		(九)		(十)	
面值	张数	面值	张数	面值	张数	面值	张数	面值	张数
壹佰元	34	壹佰元	49	壹佰元	95	壹佰元	24	壹佰元	68
伍拾元	29	伍拾元	68	伍拾元	74	伍拾元	97	伍拾元	84
贰拾元	45	贰拾元	24	贰拾元	23	贰拾元	82	贰拾元	58
壹拾元	76	壹拾元	77	壹拾元	41	壹拾元	26	壹拾元	19
伍元	62	伍元	99	伍元	75	伍元	35	伍元	73
壹元	53	壹元	18	壹元	61	壹元	84	壹元	29
伍角	87	伍角	13	伍角	2	伍角	10	伍角	54
壹角	28	壹角	6	壹角	45	壹角	33	壹角	76
合计		合计		合计		合计		合计	

2. 票币计算测试题(二)(如表 4-23 所示)

表 4-23　　　　　　　　　　票币计算测试题(二)　　　　　　　　限时:10 分钟

(一)		(二)		(三)		(四)		(五)	
面值	张数	面值	张数	面值	张数	面值	张数	面值	张数
壹佰元	19	壹佰元	82	壹佰元	51	壹佰元	23	壹佰元	45
伍拾元	62	伍拾元	43	伍拾元	54	伍拾元	38	伍拾元	75

(续表)

（一）		（二）		（三）		（四）		（五）	
面值	张数	面值	张数	面值	张数	面值	张数	面值	张数
贰拾元	23	贰拾元	12	贰拾元	78	贰拾元	98	贰拾元	53
壹拾元	12	壹拾元	58	壹拾元	23	壹拾元	18	壹拾元	46
伍元	14	伍元	42	伍元	93	伍元	37	伍元	79
壹元	31	壹元	15	壹元	79	壹元	47	壹元	82
伍角	69	伍角	52	伍角	46	伍角	73	伍角	64
壹角	52	壹角	32	壹角	98	壹角	25	壹角	27
合计		合计		合计		合计		合计	

（六）		（七）		（八）		（九）		（十）	
面值	张数	面值	张数	面值	张数	面值	张数	面值	张数
壹佰元	87	壹佰元	82	壹佰元	52	壹佰元	58	壹佰元	29
伍拾元	51	伍拾元	53	伍拾元	86	伍拾元	43	伍拾元	92
贰拾元	74	贰拾元	36	贰拾元	31	贰拾元	96	贰拾元	21
壹拾元	10	壹拾元	24	壹拾元	84	壹拾元	62	壹拾元	39
伍元	96	伍元	47	伍元	18	伍元	41	伍元	53
壹元	42	壹元	69	壹元	37	壹元	84	壹元	94
伍角	46	伍角	18	伍角	25	伍角	36	伍角	77
壹角	94	壹角	37	壹角	54	壹角	62	壹角	36
合计		合计		合计		合计		合计	

3. 票币计算测试题（三）（如表4-24所示）

表4-24　　　　　　　　　　票币计算测试题（三）　　　　　　　限时：10分钟

（一）		（二）		（三）		（四）		（五）	
面值	张数	面值	张数	面值	张数	面值	张数	面值	张数
壹佰元	32	壹佰元	79	壹佰元	13	壹佰元	25	壹佰元	37
伍拾元	73	伍拾元	58	伍拾元	21	伍拾元	19	伍拾元	89
贰拾元	96	贰拾元	21	贰拾元	34	贰拾元	38	贰拾元	87
壹拾元	62	壹拾元	39	壹拾元	86	壹拾元	17	壹拾元	54
伍元	75	伍元	96	伍元	47	伍元	53	伍元	12
壹元	97	壹元	67	壹元	64	壹元	13	壹元	64
伍角	21	伍角	78	伍角	13	伍角	42	伍角	53
壹角	41	壹角	35	壹角	79	壹角	36	壹角	42
合计		合计		合计		合计		合计	

（续表）

（六）面值	（六）张数	（七）面值	（七）张数	（八）面值	（八）张数	（九）面值	（九）张数	（十）面值	（十）张数
壹佰元	93	壹佰元	56	壹佰元	46	壹佰元	18	壹佰元	94
伍拾元	28	伍拾元	24	伍拾元	48	伍拾元	37	伍拾元	73
贰拾元	74	贰拾元	92	贰拾元	27	贰拾元	63	贰拾元	25
壹拾元	65	壹拾元	36	壹拾元	31	壹拾元	78	壹拾元	68
伍元	37	伍元	15	伍元	99	伍元	56	伍元	78
壹元	43	壹元	42	壹元	48	壹元	35	壹元	17
伍角	82	伍角	81	伍角	16	伍角	92	伍角	39
壹角	53	壹角	41	壹角	53	壹角	44	壹角	86
合计		合计		合计		合计		合计	

【考核标准】

本实训考核标准如表4-25所示。

表4-25　　　　　　　　　　票币计算考核标准

工具	时限	优秀	良好	合格
计算器	10分钟	30题	20题	10题
算盘		40题	30题	20题

附录
会计基础工作规范

第一章　总　　则

第一条　为了加强会计基础工作,建立规范的会计工作秩序,提高会计工作水平,根据《中华人民共和国会计法》的有关规定,制定本规范。

第二条　国家机关、社会团体、企业、事业单位、个体工商户和其他组织的会计基础工作,应当符合本规范的规定。

第三条　各单位应当依据有关法律、法规和本规范的规定,加强会计基础工作,严格执行会计法规制度,保证会计工作依法有序地进行。

第四条　单位领导人对本单位的会计基础工作负有领导责任。

第五条　各省、自治区、直辖市财政厅(局)要加强对会计基础工作的管理和指导,通过政策引导、经验交流、监督检查等措施,促进基层单位加强会计基础工作,不断提高会计工作水平。

国务院各业务主管部门根据职责权限管理本部门的会计基础工作。

第二章　会计机构和会计人员

第一节　会计机构设置和会计人员配置

第六条　各单位应当根据会计业务的需要设置会计机构;不具备单独设置会计机构条件的,应当在有关机构中配备专职会计人员。

事业行政单位会计机构的设置和会计人员的配备,应当符合国家统一事业行政单位会计制度的规定。

设置会计机构,应当配备会计机构负责人;在有关机构中配备专职会计人员,应当在专职会计人员中指定会计主管人员。

会计机构负责人、会计主管人员的任免,应当符合《中华人民共和国会计法》和有关法律的规定。

第七条　会计机构负责人、会计主管人员应当具备下列基本条件:

(一)坚持原则,廉洁奉公。

(二)具有会计专业技术资格。

(三)主管一个单位或者单位内一个重要方面的财务会计工作时间不少于2年。

(四)熟悉国家财经法律、法规、规章和方针、政策,掌握本行业业务管理的有关知识。

(五)有较强的组织能力。

(六)身体状况能够适应本职工作的要求。

第八条　没有设置会计机构和配备会计人员的单位,应当根据《代理记账管理暂行办法》委托会计师事务所或者持有代理记账许可证书的其他代理记账机构进行代理记账。

第九条 大中型企业、事业单位、业务主管部门应当根据法律和国家有关规定设置总会计师。总会计师由具有会计师以上专业技术资格的人员担任。

总会计师行使《总会计师条例》规定的职责、权限。

总会计师的任命（聘任）、免职（解聘）依照《总会计师条例》和有关法律的规定办理。

第十条 各单位应当根据会计业务需要配备持有会计证的会计人员。未取得会计证的人员，不得从事会计工作。

第十一条 各单位应当根据会计业务需要设置会计工作岗位。

会计工作岗位一般可分为：会计机构负责人或者会计主管人员，出纳，财产物资核算，工资核算，成本费用核算，财务成果核算，资金核算，往来结算，总账报表，稽核，档案管理等。开展会计电算化和管理会计的单位，可以根据需要设置相应工作岗位，也可以与其他工作岗位相结合。

第十二条 会计工作岗位，可以一人一岗、一人多岗或者一岗多人。但出纳人员不得兼管稽核、会计档案保管和收入、费用、债权债务账目的登记工作。

第十三条 会计人员的工作岗位应当有计划地进行轮换。

第十四条 会计人员应当具备必要的专业知识和专业技能，熟悉国家有关法律、法规、规章和国家统一会计制度，遵守职业道德。

会计人员应当按照国家有关规定参加会计业务的培训。各单位应当合理安排会计人员的培训，保证会计人员每年有一定时间用于学习和参加培训。

第十五条 各单位领导人应当支持会计机构、会计人员依法行使职权；对忠于职守，坚持原则，作出显著成绩的会计机构、会计人员，应当给予精神的和物质的奖励。

第十六条 国家机关、国有企业、事业单位任用会计人员应当实行回避制度。

单位领导人的直系亲属不得担任本单位的会计机构负责人、会计主管人员。会计机构负责人、会计主管人员的直系亲属不得在本单位会计机构中担任出纳工作。

需要回避的直系亲属为：夫妻关系、直系血亲关系、三代以内旁系血亲以及配偶亲关系。

第二节 会计人员职业道德

第十七条 会计人员在会计工作中应当遵守职业道德，树立良好的职业品质、严谨的工作作风，严守工作纪律，努力提高工作效率和工作质量。

第十八条 会计人员应当热爱本职工作，努力钻研业务，使自己的知识和技能适应所从事工作的要求。

第十九条 会计人员应当熟悉财经法律、法规、规章和国家统一会计制度，并结合会计工作进行广泛宣传。

第二十条 会计人员应当按照会计法律、法规和国家统一会计制度规定的程序和要求进行会计工作，保证所提供的会计信息合法、真实、准确、及时、完整。

第二十一条 会计人员办理会计事务应当实事求是、客观公正。

第二十二条 会计人员应当熟悉本单位的生产经营和业务管理情况，运用掌握的会计信息和会计方法，为改善单位内部管理、提高经济效益服务。

第二十三条 会计人员应当保守本单位的商业秘密。除法律规定和单位领导人同意外,不能私自向外界提供或者泄露单位的会计信息。

第二十四条 财政部门、业务主管部门和各单位应当定期检查会计人员遵守职业道德的情况,并作为会计人员晋升、晋级、聘任专业职务、表彰奖励的重要考核依据。

会计人员违反职业道德的,由所在单位进行处罚;情节严重的,由会计证发证机关吊销其会计证。

第三节　会计工作交接

第二十五条 会计人员工作调动或者因故离职,必须将本人所经管的会计工作全部移交给接替人员。没有办清交接手续的,不得调动或离职。

第二十六条 接替人员应当认真接管移交工作,并继续办理移交的未了事项。

第二十七条 会计人员办理移交手续前,必须及时做好以下工作:

(一) 已经受理的经济业务尚未填制会计凭证的,应当填制完毕。

(二) 尚未登记的账目,应当登记完毕,并在最后一笔余额后加盖经办人员印章。

(三) 整理应该移交的各项资料,对未了事项写出书面材料。

(四) 编制移交清册,列明应当移交的会计凭证、会计账簿、会计报表、印章、现金、有价证券、支票簿、发票、文件、其他会计资料和物品等内容;实行会计电算化的单位,从事该项工作的移交人员还应当在移交清册中列明会计软件及密码、会计软件数据磁盘(磁带等)及有关资料、实物等内容。

第二十八条 会计人员办理交接手续,必须有监交人负责监交。一般会计人员交接,由单位会计机构负责人、会计主管人员负责监交;会计机构负责人、会计主管人员交接,由单位领导人负责监交,必要时可由上级主管部门派人会同监交。

第二十九条 移交人员在办理移交时,要按移交清册逐项移交;接替人员要逐项核对点收。

(一) 现金、有价证券要根据会计账簿有关记录进行点交。库存现金、有价证券必须与会计账簿记录保持一致。不一致时,移交人员必须限期查清。

(二) 会计凭证、会计账簿、会计报表和其他会计资料必须完整无缺。如有短缺,必须查清原因,并在移交清册中注明,由移交人员负责。

(三) 银行存款账户余额要与银行对账单核对,如不一致,应当编制银行存款余额调节表调节相符,各种财产物资和债权债务的明细账户余额要与总账有关账户余额核对相符;必要时,要抽查个别账户的余额,与实物核对相符,或者与往来单位、个人核对清楚。

(四) 移交人员经管的票据、印章和其他实物等,必须交接清楚;移交人员从事会计电算化工作的,要对有关电子数据在实际操作状态下进行交接。

第三十条 会计机构负责人、会计主管人员移交时,还必须将全部财务会计工作、重大财务收支和会计人员的情况等,向接替人员详细介绍。对需要移交的遗留问题,应当写出书面材料。

第三十一条 交接完毕后,交接双方和监交人员要在移交清册上签名或盖章,并应在移交清册上注明:单位名称,交接日期,交接双方和监交人员的职务、姓名,移交清册页数以及需要说明的问题和意见等。

移交清册一般应当填制一式三份,交接双方各执一份,存档一份。

第三十二条 接替人员应当继续使用移交的会计账簿,不得自行另立新账,以保持会计记录的连续性。

第三十三条 会计人员临时离职或者因病不能工作且需要接替或者代理的,会计机构负责人、会计主管人员或者单位领导人必须指定有关人员接替或者代理,并办理交接手续。

临时离职或者因病不能工作的人员恢复工作的,应当与接替或者代理人员办理交接手续。

移交人员因病或者其他特殊原因不能亲自办理移交的,经单位领导人批准,可由移交人员委托他人代办移交,但委托人应当承担本规范第三十五条规定的责任。

第三十四条 单位撤销时,必须留有必要的会计人员,会同有关人员办理清理工作,编制决算。未移交前,不得离职。接收单位和移交日期由主管部门确定。

第三十五条 移交人员对所移交的会计凭证、会计账簿、会计报表和其他有关资料的合法性、真实性承担法律责任。

第三章 会 计 核 算

第一节 会计核算一般要求

第三十六条 各单位应当按照《中华人民共和国会计法》和国家统一会计制度的规定建立会计账册,进行会计核算,及时提供合法、真实、准确、完整的会计信息。

第三十七条 各单位发生的下列事项,应当及时办理会计手续、进行会计核算:

(一)款项和有价证券的收付。

(二)财物的收发、增减和使用。

(三)债权债务的发生和结算。

(四)资本、基金的增减。

(五)收入、支出、费用、成本的计算。

(六)财务成果的计算和处理。

(七)其他需要办理会计手续、进行会计核算的事项。

第三十八条 各单位的会计核算应当以实际发生的经济业务为依据,按照规定的会计处理方法进行,保证会计指标的口径一致、相互可比和会计处理方法的前后各期相一致。

第三十九条 会计年度自公历一月一日起至十二月三十一日止。

第四十条 会计核算以人民币为记账本位币。

收支业务以外国货币为主的单位,也可以选定某种外国货币作为记账本位币,但是编制的会计报表应当折算为人民币反映。

境外单位向国内有关部门编报的会计报表,应当折算为人民币反映。

第四十一条 各单位根据国家统一会计制度的要求,在不影响会计核算要求、会计报表指标汇总和对外统一会计报表的前提下,可以根据实际情况自行设置和使用会计科目。

事业行政单位会计科目的设置和使用,应当符合国家统一事业行政单位会计制度的规定。

第四十二条 会计凭证、会计账簿、会计报表和其他会计资料的内容和要求必须符合国家统一会计制度的规定,不得伪造、变造会计凭证和会计账簿,不得设置账外账,不得报送虚假会计报表。

第四十三条 各单位对外报送的会计报表格式由财政部统一规定。

第四十四条 实行会计电算化的单位,对使用的会计软件及其生成的会计凭证、会计账簿、会计报表和其他会计资料的要求,应当符合财政部关于会计电算化的有关规定。

第四十五条 各单位的会计凭证、会计账簿、会计报表和其他会计资料,应当建立档案,妥善保管。会计档案建档要求、保管期限、销毁办法等依据(会计档案管理办法)的规定进行。

实行会计电算化的单位,有关电子数据、会计软件资料等应当作为会计档案进行管理。

第四十六条 会计刻录的文字应当使用中文,少数民族自治地区可以同时使用少数民族文字。中国境内的外商投资企业、外国企业和其他外国经济组织也可以同时使用某种外国文字。

第二节 填制会计凭证

第四十七条 各单位办理本规范第三十七条规定的事项,必须取得或者填制原始凭证,并及时送交会计机构。

第四十八条 原始凭证的基本要求是:

(一)原始凭证的内容必须具备:凭证的名称;填制凭证的日期;填制凭证单位名称或者填制人姓名;经办人员的签名或者盖章;接受凭证单位名称;经济业务内容;数量、单价和金额。

(二)从外单位取得的原始凭证,必须盖有填制单位的公章;从个人取得的原始凭证,必须有填制人员的签名或者盖章。自制原始凭证必须有经办单位领导人或者其指定的人员签名或者盖章。对外开出的原始凭证,必须加盖本单位公章。

(三)凡填有大写和小写金额的原始凭证,大写与小写金额必须相符。购买实物的原始凭证,必须有验收证明。支付款项的原始凭证,必须有收款单位和收款人的收款证明。

(四)一式几联的原始凭证,应当注明各联的用途,只能以一联作为报销凭证。

一式几联的发票和收据,必须用双面复写纸(发票和收据本身具备复写纸功能的除外)套写,并连续编号。作废时应当加盖"作废"戳记,连同存根一起保存,不得撕毁。

(五)发生销货退回的,除填制退货发票外,还必须有退货验收证明;退款时,必须取得对方的收款收据或者汇款银行的凭证,不得以退货发票代替收据。

(六)职工公出借款凭据,必须附在记账凭证之后。收回借款时,应当另开收据或者退还借据副本,不得退还原借款收据。

(七)经上级有关部门批准的经济业务,应当将批准文件作为原始凭证附件;如果批准文件需要单独归档的,应当在凭证上注明批准机关名称、日期和文件字号。

第四十九条 原始凭证不得涂改、挖补。发现原始凭证有错误的,应当由开出单位重开或者更正,更正处应当加盖开出单位的公章。

第五十条 会计机构、会计人员要根据审核无误的原始凭证填制记账凭证。

记账凭证可以分为收款凭证、付款凭证和转账凭证,也可以使用通用记账凭证。

第五十一条 记账凭证的基本要求是:

(一)记账凭证的内容必须具备:填制凭证的日期;凭证编号;经济业务摘要;会计科目;金额;所附原始凭证张数;填制凭证人员、稽核人员、记账人员、会计机构负责人、会计主管人员签名或者盖章。收款和付款记账凭证还应当由出纳人员签名或者盖章。

以自制的原始凭证或者原始凭证汇总表代替记账凭证的,也必须具备记账凭证应有的项目。

(二)填制记账凭证时,应当对记账凭证进行连续编号。一笔经济业务需要填制两张以上记账凭证的,可以采用分数编号法编号。

(三)记账凭证可以根据每一张原始凭证填制,或者根据若干张同类原始凭证汇总填制,也可以根据原始凭证汇总表填制。但不得将不同内容和类别的原始凭证汇总填制在一张记账凭证上。

(四)除结账和更正错误的记账凭证可以不附原始凭证外,其他记账凭证必须附有原始凭证。如果一张原始凭证涉及几张记账凭证,可以把原始凭证附在一张主要的记账凭证后面,并在其他记账凭证上注明附有该原始凭证的记账凭证的编号或者附原始凭证复印件。

一张原始凭证所列支出需要几个单位共同负担的,应当将其他单位负担的部分,开给对方原始凭证分割单,进行结算。原始凭证分割单必须具备原始凭证的基本内容:凭证名称、填制凭证日期、填制凭证单位名称或者填制人姓名、经办人的签名或者盖章、接受凭证单位名称、经济业务内容、数量、单价、金额和费用分摊情况等。

(五)如果在填制记账凭证时发生错误,应当重新填制。

已经登记入账的记账凭证,在当年内发现填写错误时,可以用红字填写一张与原内容相同的记账凭证,在摘要栏注明"注销某月某日某号凭证"字样,同时再用蓝字重新填制一张正确的记账凭证,注明"订正某月某日某号凭证"字样。如果会计科目没有错误,只是金额错误,也可以将正确数字与错误数字之间的差额,另编一张调整的记账凭证,调增金额用蓝字,调减金额用红字。发现以前年度记账凭证有错误的,应当用蓝字填制一张更正的记账凭证。

(六)记账凭证填制完经济业务事项后,如有空行,应当自金额栏最后一笔金额数字下的空行处至合计数上的空行处划线注销。

第五十二条 填制会计凭证,字迹必须清晰、工整,并符合下列要求:

(一)阿拉伯数字应当一个一个地写,不得连笔写。阿拉伯金额数字前面应当书写货币币种符号或者货币名称简写和币种符号。币种符号与阿拉伯金额数字之间不得留有空白。凡阿拉伯数字前写有币种符号的,数字后面不再写货币单位。

(二)所有以元为单位(其他货币种类为货币基本单位,下同)的阿拉伯数字,除表示单价等情况外,一律填写到角分;无角分的,角位和分位可写"00",或者符号"—";有角无分的,分位应当写"0",不得用符号"—"代替。

(三)汉字大写数字金额如零、壹、贰、叁、肆、伍、陆、柒、捌、玖、拾、佰、仟、万、亿等,一律用正楷或者行书体书写,不得用〇、一、二、三、四、五、六、七、八、九、十等简化字代替,不得任意自造简化字。大写金额数字到元或者角为止的,在"元"或者"角"字之后应当写"整"字或者"正"字;大写金额数字有分的,分字后面不写"整"或者"正"字。

(四)大写金额数字前未印有货币名称的,应当加填货币名称,货币名称与金额数字之间不得留有空白。

(五)阿拉伯金额数字中间有"0"时,汉字大写金额要写"零"字;阿拉伯数字金额中间连续有几个"0"时,汉字大写金额中可以只写一个"零"字;阿拉伯金额数字元位是"0",或者数字中间连续有几个"0"、元位也是"0"但角位不是"0"时,汉字大写金额可以只写一个"零"字,也可以不写"零"字。

第五十三条　实行会计电算化的单位,对于机制记账凭证,要认真审核,做到会计科目使用正确,数字准确无误。打印出的机制记账凭证要加盖制单人员、审核人员、记账人员及会计机构负责人、会计主管人员印章或者签字。

第五十四条　各单位会计凭证的传递程序应当科学、合理,具体办法由各单位根据会计业务需要自行规定。

第五十五条　会计机构、会计人员要妥善保管会计凭证。

(一)会计凭证应当及时传递,不得积压。

(二)会计凭证登记完毕后,应当按照分类和编号顺序保管,不得散乱丢失。

(三)记账凭证应当连同所附的原始凭证或者原始凭证汇总表,按照编号顺序,折叠整齐,按期装订成册,并加具封面,注明单位名称、年度、月份和起讫日期、凭证种类、起讫号码,由装订人在装订线封签外签名或者盖章。

对于数量过多的原始凭证,可以单独装订保管,在封面上注明记账凭证日期、编号、种类,同时在记账凭证上注明"附件另订"和原始凭证名称及编号。

各种经济合同、存出保证金收据以及涉外文件等重要原始凭证,应当另编目录,单独登记保管,并在有关的记账凭证和原始凭证上相互注明日期和编号。

(四)原始凭证不得外借,其他单位如因特殊原因需要使用原始凭证时,经本单位会计机构负责人、会计主管人员批准,可以复制。向外单位提供的原始凭证复制件,应当在专设的登记簿上登记,并由提供人员和收取人员共同签名或者盖章。

(五)从外单位取得的原始凭证如有遗失,应当取得原开出单位盖有公章的证明,并注明原来凭证的号码、金额和内容等,由经办单位会计机构负责人、会计主管人员和单位领导人批准后,才能代作原始凭证。如果确实无法取得证明的,如火车、轮船、飞机票等凭证,由当事人写出详细情况,由经办单位会计机构负责人、会计主管人员和单位领导人批准后,代作原始凭证。

第三节　登记会计账簿

第五十六条　各单位应当按照国家统一会计制度的规定和会计业务的需要设置会计账簿。会计账簿包括总账、明细账、日记账和其他辅助性账簿。

第五十七条　现金日记账和银行存款日记账必须采用订本式账簿。不得用银行对账单或者其他方法代替日记账。

第五十八条 实行会计电算化的单位,用计算机打印的会计账簿必须连续编号,经审核无误后装订成册,并由记账人员和会计机构负责人、会计主管人员签字或者盖章。

第五十九条 启用会计账簿时,应当在账簿封面上写明单位名称和账簿名称。在账簿扉页上应当附启用表,内容包括:启用日期、账簿页数、记账人员和会计机构负责人、会计主管人员姓名,并加盖名章和单位公章。记账人员或者会计机构负责人、会计主管人员调动工作时,应当注明交接日期、接办人员或者监交人员姓名,并由交接双方人员签名或者盖章。

启用订本式账簿,应当从第一页到最后一页顺序编定页数,不得跳页、缺号。使用活页式账页,应当按账户顺序编号,并须定期装订成册。装订后再按实际使用的账页顺序编定页码。另加目录,记明每个账户的名称和页次。

第六十条 会计人员应当根据审核无误的会计凭证登记会计账簿。登记账簿的基本要求是:

(一)登记会计账簿时,应当将会计凭证日期、编号、业务内容摘要、金额和其他有关资料逐项记入账内;做到数字准确、摘要清楚、登记及时、字迹工整。

(二)登记完毕后,要在记账凭证上签名或者盖章,并注明已经登账的符号,表示已经记账。

(三)账簿中书写的文字和数字上面要留有适当空格,不要写满格;一般应占格距的二分之一。

(四)登记账簿要用蓝黑墨水或者碳素墨水书写,不得使用圆珠笔(银行的复写账簿除外)或者铅笔书写。

(五)下列情况,可以用红色墨水记账:

1. 按照红字冲账的记账凭证,冲销错误记录;

2. 在不设借贷等栏的多栏式账页中,登记减少数;

3. 在三栏式账户的余额栏前,如未印明余额方面的,在余额栏内登记负数余额;

4. 根据国家统一会计制度的规定可以用红字登记的其他会计记录。

(六)各种账簿按页次顺序连续登记,不得跳行、隔页。如果发生跳行、隔页,应当将空行、空页划线注销,或者注明"此行空白"、"此页空白"字样,并由记账人员签名或者盖章。

(七)凡需要结出余额的账户,结出余额后,应当在"借或贷"等栏内写明"借"或者"贷"等字样。没有余额的账户,应当在"借或贷"等栏内写"平"字,并在余额栏内用"Θ"表示。

现金日记账和银行存款日记账必须逐日结出余额。

(八)每一账页登记完毕结转下页时,应当结出本页合计数及余额,写在本页最后一行和下页第一行有关栏内,并在摘要栏内注明"过次页"和"承前页"字样;也可以将本页合计数及金额只写在下页第一行有关栏内,并在摘要栏内注明"承前页"字样。

对需要结计本月发生额的账户,结计"过次页"的本页合计数应当为自本月初起至本页末止的发生额合计数;对需要结计本年累计发生额的账户,结计"过次页"的本页合计数应当为自年初起至本页末止的累计数;对既不需要结计本月发生额也不需要结计本年累计发生额的账户,可以只将每页末的余额结转次页。

第六十一条 实行会计电算化的单位,总账和明细账应当定期打印。

发生收款和付款业务的,在输入收款凭证和付款凭证的当天必须打印出现金日记账和银行存款日记账,并与库存现金核对无误。

第六十二条 账簿记录发生错误,不准涂改、挖补、刮擦或者用药水消除字迹,不准重新抄写,必须按照下列方法进行更正:

(一)登记账簿时发生错误,应当将错误的文字或者数字划红线注销,但必须使原有字迹仍可辨认;然后在划线上方填写正确的文字或者数字,并由记账人员在更正处盖章。对于错误的数字,应当全部划红线更正,不得只更正其中的错误数字。对于文字错误,可只划去错误的部分。

(二)由于记账凭证错误而使账簿记录发生错误,应当按更正的记账凭证登记账簿。

第六十三条 各单位应当定期对会计账簿记录的有关数字与库存实物、货币资金、有价证券、往来单位或者个人等进行相互核对,保证账证相符、账账相符、账实相符。对账工作每年至少进行一次。

(一)账证核对。核对会计账簿记录与原始凭证、记账凭证的时间、凭证字号、内容、金额是否一致,记账方向是否相符。

(二)账账核对。核对不同会计账簿之间的账簿记录是否相符,包括:总账有关账户的余额核对,总账与明细账核对,总账与日记账核对,会计部门的财产物资明细账与财产物资保管和使用部门的有关明细账核对等。

(三)账实核对。核对会计账簿记录与财产等实有数额是否相符。包括:现金日记账账面余额与现金实际库存数相核对;银行存款日记账账面余额定期与银行对账单相核对;各种财物明细账账面余额与财物实存数额相核对;各种应收、应付款明细账账面余额与有关债务、债权单位或者个人核对等。

第六十四条 各单位应当按照规定定期结账。

(一)结账前,必须将本期内所发生的各项经济业务全部登记入账。

(二)结账时,应当结出每个账户的期末余额。需要结出当月发生额的,应当在摘要栏内注明"本月合计"字样,并在下面通栏划单红线。需要结出本年累计发生额的,应当在摘要栏内注明"本年累计"字样,并在下面通栏划单红线;12月末的"本年累计"就是全年累计发生额。全年累计发生额下面应当通栏划双红线。年度终了结账时,所有总账账户都应当结出全年发生额和年末余额。

(三)年度终了,要把各账户的余额结转到下一会计年度,并在摘要栏注明"结转下年"字样;在下一会计年度新建有关会计账簿的第一行余额栏内填写上年结转的余额,并在摘要栏注明"上年结转"字样。

第四节 编制财务报告

第六十五条 各单位必须按照国家统一会计制度的规定,定期编制财务报告。

财务报告包括会计报表及其说明。会计报表包括会计报表主表、会计报表附表、会计报表附注。

第六十六条 各单位对外报送的财务报告应当根据国家统一会计制度规定的格式和要求编制。

单位内部使用的财务报告,其格式和要求由各单位自行规定。

第六十七条　会计报表应当根据登记完整、核对无误的会计账簿记录和其他有关资料编制,做到数字真实、计算准确、内容完整、说明清楚。

任何人不得篡改或者授意、指使、强令他人篡改会计报表的有关数字。

第六十八条　会计报表之间、会计报表各项目之间,凡有对应关系的数字,应当相互一致。本期会计报表与上期会计报表之间有关的数字应当相互衔接。如果不同会计年度会计报表中各项目的内容和核算方法有变更的,应当在年度会计报表中加以说明。

第六十九条　各单位应当按照国家统一会计制度的规定认真编写会计报表附注及其说明,做到项目齐全,内容完整。

第七十条　各单位应当按照国家规定的期限对外报送财务报告。

对外报送的财务报告,应当依次编定页码,加具封面,装订成册,加盖公章。封面上应当注明:单位名称,单位地址,财务报告所属年度、季度、月度,送出日期,并由单位领导人、总会计师、会计机构负责人、会计主管人员签名或者盖章。

单位领导人对财务报告的合法性、真实性负法律责任。

第七十一条　根据法律和国家有关规定应当对财务报告进行审计的,财务报告编制单位应当先行委托注册会计师进行审计,并将注册会计师出具的审计报告随同财务报告按照规定的期限报送有关部门。

第七十二条　如果发现对外报送的财务报告有错误,应当及时办理更正手续。除更正本单位留存的财务报告外,并应同时通知接受财务报告的单位更正。错误较多的,应当重新编报。

第四章　会计监督

第七十三条　各单位的会计机构、会计人员对本单位的经济活动进行会计监督。

第七十四条　会计机构、会计人员进行会计监督的依据是:

(一)财经法律、法规、规章。

(二)会计法律、法规和国家统一会计制度。

(三)各省、自治区、直辖市财政厅(局)和国务院业务主管部门根据《中华人民共和国会计法》和国家统一会计制度制定的具体实施办法或者补充规定。

(四)各单位根据《中华人民共和国会计法》和国家统一会计制度制定的单位内部会计管理制度。

(五)各单位内部的预算、财务计划、经济计划、业务计划。

第七十五条　会计机构、会计人员应当对原始凭证进行审核和监督。

对不真实、不合法的原始凭证,不予受理。对弄虚作假、严重违法的原始凭证,在不予受理的同时,应当予以扣留,并及时向单位领导人报告,请求查明原因,追究当事人的责任。

对记载不明确、不完整的原始凭证,予以退回,要求经办人员更正、补充。

第七十六条　会计机构、会计人员对伪造、变造、故意毁灭会计账簿或者账外设账行为,应当制止和纠正;制止和纠正无效的,应当向上级主管单位报告,请求作出处理。

第七十七条 会计机构、会计人员应当对实物、款项进行监督,督促建立并严格执行财产清查制度。发现账簿记录与实物、款项不符时,应当按照国家有关规定进行处理。超出会计机构、会计人员职权范围的,应当立即向本单位领导报告,请求查明原因,作出处理。

第七十八条 会计机构、会计人员对指使、强令编造、篡改财务报告行为,应当制止和纠正;制止和纠正无效的,应当向上级主管单位报告,请求处理。

第七十九条 会计机构、会计人员应当对财务收支进行监督。

(一)对审批手续不全的财务收支,应当退回,要求补充、更正。

(二)对违反规定不纳入单位统一会计核算的财务收支,应当制止和纠正。

(三)对违反国家统一的财政、财务、会计制度规定的财务收支,不予办理。

(四)对认为是违反国家统一的财政、财务、会计制度规定的财务收支,应当制止和纠正;制止和纠正无效的,应当向单位领导人提出书面意见请求处理。

单位领导人应当在接到书面意见起十日内作出书面决定,并对决定承担责任。

(五)对违反国家统一的财政、财务、会计制度规定的财务收支,不予制止和纠正,又不向单位领导人提出书面意见的,也应当承担责任。

(六)对严重违反国家利益和社会公众利益的财务收支,应当向主管单位或者财政、审计、税务机关报告。

第八十条 会计机构、会计人员对违反单位内部会计管理制度的经济活动,应当制止和纠正;制止和纠正无效的,向单位领导人报告,请求处理。

第八十一条 会计机构、会计人员应当对单位制定的预算、财务计划、经济计划、业务计划的执行情况进行监督。

第八十二条 各单位必须依照法律和国家有关规定接受财政、审计、税务等机关的监督,如实提供会计凭证、会计账簿、会计报表和其他会计资料以及有关情况、不得拒绝、隐匿、谎报。

第八十三条 按照法律规定应当委托注册会计师进行审计的单位,应当委托注册会计师进行审计,并配合注册会计师的工作,如实提供会计凭证、会计账簿、会计报表和其他会计资料以及有关情况,不得拒绝、隐匿、谎报;不得示意注册会计师出具不当的审计报告。

第五章 内部会计管理制度

第八十四条 各单位应当根据《中华人民共和国会计法》和国家统一会计制度的规定,结合单位类型和内容管理的需要,建立健全相应的内部会计管理制度。

第八十五条 各单位制定内部会计管理制度应当遵循下列原则:

(一)应当执行法律、法规和国家统一的财务会计制度。

(二)应当体现本单位的生产经营、业务管理的特点和要求。

(三)应当全面规范本单位的各项会计工作,建立健全会计基础,保证会计工作的有序进行。

(四)应当科学、合理,便于操作和执行。

（五）应当定期检查执行情况。

（六）应当根据管理需要和执行中的问题不断完善。

第八十六条 各单位应当建立内部会计管理体系。主要内容包括：单位领导人、总会计师对会计工作的领导职责；会计部门及其会计机构负责人、会计主管人员的职责、权限；会计部门与其他职能部门的关系；会计核算的组织形式等。

第八十七条 各单位应当建立会计人员岗位责任制度。主要内容包括：会计人员的工作岗位设置；各会计工作岗位的职责和标准；各会计工作岗位的人员和具体分工；会计工作岗位轮换办法；对各会计工作岗位的考核办法。

第八十八条 各单位应当建立账务处理程序制度。主要内容包括：会计科目及其明细科目的设置和使用；会计凭证的格式、审核要求和传递程序；会计核算方法；会计账簿的设置；编制会计报表的种类和要求；单位会计指标体系。

第八十九条 各单位应当建立内部牵制制度。主要内容包括：内部牵制制度的原则；组织分工；出纳岗位的职责和限制条件；有关岗位的职责和权限。

第九十条 各单位应当建立稽核制度。主要内容包括：稽核工作的组织形式和具体分工；稽核工作的职责、权限；审核会计凭证和复核会计账簿、会计报表的方法。

第九十一条 各单位应当建立原始记录管理制度。主要内容包括：原始记录的内容和填制方法；原始记录的格式；原始记录的审核；原始记录填制人的责任；原始记录签署；传递、汇集要求。

第九十二条 各单位应当建立定额管理制度。主要内容包括：定额管理的范围；制定和修订定额的依据、程序和方法；定额的执行；定额考核和奖惩办法等。

第九十三条 各单位应当建立计量验收制度。主要内容包括：计量检测手段和方法；计量验收管理的要求；计量验收人员的责任和奖惩办法。

第九十四条 各单位应当建立财产清查制度。主要内容包括：财产清查的范围；财产清查的组织；财产清查的期限和方法；对财产清查中发现问题的处理办法；对财产管理人员的奖惩办法。

第九十五条 各单位应当建立财务收支审批制度。主要内容包括：财务收支审批人员和审批权限；财务收支审批程序；财务收支审批人员的责任。

第九十六条 实行成本核算的单位应当建立成本核算制度。主要内容包括：成本核算的对象；成本核算的方法和程序；成本分析等。

第九十七条 各单位应当建立财务会计分析制度。主要内容包括：财务会计分析的主要内容；财务会计分析的基本要求和组织程序；财务会计分析的具体方法；财务会计分析报告的编写要求等。

第六章　附　　则

第九十八条 本规范所称国家统一会计制度，是指由财政部制定、或者财政部与国务院有关部门联合制定、或者经财政部审核批准的在全国范围内统一执行的会计规章、准则、办法等规范性文件。

本规范所称会计主管人员,是指不设置会计机构、只在其他机构中设置专职会计人员的单位行使会计机构负责人职权的人员。

本规范第三章第二节和第三节关于填制会计凭证、登记会计账簿的规定,除特别指出外,一般适用于手工记账。实行会计电算化的单位,填制会计凭证和登记会计账簿的有关要求,应当符合财政部关于会计电算化的有关规定。

第九十九条 各省、自治区、直辖市财政厅(局)、国务院各业务主管部门可以根据本规范的原则,结合本地区、本部门的具体情况,制定具体实施办法,报财政部备案。

第一百条 本规范由财政部负责解释、修改。

第一百零一条 本规范自公布之日起实施。1984 年 4 月 24 日财政部发布的《会计人员工作规则》同时废止。